ゲルマン語基礎語彙集

河崎 靖・大宮康一・西出佳代　共著

東京　**大学書林**　発行

はじめに

　ゲルマン語の地理的拡がり・歴史的発達を概観するのはそう容易ではない。ロマンス語の方に，先行する書籍（いずれも大学書林刊）があり（伊藤太吾著『ロマンス語基本語彙集』ならびに同著者『日本語ロマンス語基本語彙集』），これらを参考にし，また，語彙集と並んで「解説コラム」を書き入れることにより，ゲルマン語の世界への誘いの一助になればと考えた。基礎語彙表の作成に当たっては，河崎がドイツ語・オランダ語を，大宮が英語・アイスランド語を，西出がルクセンブルク語を担当した。まず，ゲルマン語諸語の現在の姿およびそこに至るまでの歴史的な概要を捉えておこう。

　北ゲルマン語と呼ばれるものには，スウェーデン語・デンマーク語・ノルウェー語・アイスランド語が属している。一般に北欧とは，ヨーロッパの北部に位置するスウェーデン・デンマーク・ノルウェー・フィンランドの4カ国を指す場合が多い（前の3か国を指してスカンディナヴィア諸国と呼ぶ場合もある）。一方で，大西洋の北に浮かぶ島国アイスランドが北欧に含まれることは日本ではあまり知られていない（本書では，スウェーデン・デンマーク・ノルウェー・フィンランドにアイスランドを加えた5カ国を北欧と定義する）。北欧は，森・湖・フィヨルド・オーロラなど自然豊かな環境に恵まれ，高度に福祉的な社会を実現しているというイメージが強く，また北欧デザインとして家具や食器なども有名なところであ

る。こうした自然や文化的な側面はとてもなじみのある北欧諸国であるが，はたしてどのような言語が話されているかという点については実はそれほど知られていない。

　北欧では各国でそれぞれ異なる言語が話されている。ただし，フィンランド語を除いた4言語は同じ祖語(祖先の言語)から分岐したグループに分類される。スウェーデン語・デンマーク語・ノルウェー語・アイスランド語は，インド・ヨーロッパ語族(印欧語族)のゲルマン語派に属し，他のゲルマン語(西ゲルマン語・東ゲルマン語)と親縁関係をもつ。さらにつけ加えると，フェロー諸島(デンマーク領)で話されているフェロー語も北ゲルマン語に含まれる。ちなみにフィンランド語は，まったく異なる言語グループであるウラル語族に属している。

　本書でいう北欧諸語とは，北ゲルマン語に分類される4言語(スウェーデン語・デンマーク語・ノルウェー語・アイスランド語)を指す。同じ起源をもつ北ゲルマン語は，語彙や文法などにおいて多くの共通性を有しており，本書のコラムの中で示した語彙の対応表からもその一端が窺えるであろう。また，他のゲルマン諸語の定冠詞が独立して名詞の前に置かれるのに対して，北ゲルマン語は名詞に後接されることが特徴的と言える。例えば，アイスランド語の *hestur*「馬」(男性・主格)に定冠詞 *inn*(男性・主格)が後接されて，*hesturinn* となる。

　歴史的には，古い北欧語のことを古ノルド語(Old Nordic)と言い，古西ノルド語に古アイスランド語・古ノルウェー語が分類され，古東ノルド語に古スウェーデン語・古デンマーク語が入る。そ

れぞれが歴史的な変遷をたどり現在の姿となっている。その中でも，アイスランド語は島国という地理的な要因などで古い言語的特徴をいまだに保持しており，大陸側の3言語とは大きく異なる。例えば，アイスランド語には名詞に3つの文法性（男性・女性・中性）があり，さらに4つの格（主格・属格・与格・対格）の形式的な区別が残っていることが挙げられる。また，アイスランドは12世紀から14世紀にかけて書き留められた北欧神話の『エッダ』や散文叙事詩の『サガ』という文学が知られており，貴重な歴史的資料となっている（本書では，北ゲルマン語でも，これまであまり扱われてこなかったアイスランド語を中心に北ゲルマン語を取り上げる。北ゲルマン語関係はまずコラム集の出だしに置き便宜をはかった）。

　西ゲルマン語（英語・ドイツ語・オランダ語・ルクセンブルク語など）に関しては，入門書をはじめ適切な概論書も少なからずあるので，個々の詳細な点はそれらの書物に譲って，本書では語彙の対応関係を示すに留めた（ミニ文法については，アイスランド語：大宮，アフリカーンス語・オランダ語：河崎，ルクセンブルク語：西出　という担当である）。また，東ゲルマン語は歴史的史料としての価値は極めて高い（4世紀のゴート語など）。ただし，現代のゲルマン諸語と語彙を並べて比較するには，語彙の分布に偏りがあるため（聖書関係の語彙に限られる），ここでは本書のコラムの中で解説するに留めた。この序文でゴート人・ヴァンダル人について略述するとすれば以下のようである。6世紀半ば，ゴート人の歴史家であり護教史家であるヨルダネスは，ゴート人のローマ市への侵略の様子を描いている：「ゴート人はローマ市に入ると，アラリックの命令

で，ただ略奪したのみで，蛮族の諸民族が通常するのと違い，火をかけることはしなかった。彼らは聖人の聖堂にほとんど何らの損害を加えることを許されなかった。そして，彼らはローマ市を離れた」。またヴァンダル人について記した年代記作家ウィクトルはアフリカに渡った彼らに関して詳細に語っている：「野蛮な狂乱の中で，彼らは母親の胸から子どもらを引きはがし，罪のない赤子を地面に打ち付けさえした。彼らは他の赤子は足を掴んでぶら下げ，二つに切り裂いた」[1]。

さて歴史的に遡れば，ゲルマン人はローマ人との対立の構図をもって歴史に登場する。古く紀元後1世紀末ローマはかなり弱体化していて，国境を守るべく皇帝ドミティアヌスがライン川・ドナウ川河畔に辺境防壁を築くことになったが，それでも，ローマ帝国に向かって南下するゲルマン人の数はますます勢いを増し，傭兵としてあるいは奴隷の身分でぞくぞくとローマ帝国内に入り込んでいくゲルマン人は止められない。ゲルマン民族の大移動の時代に南方へ移動したゲルマン人の多くは実はかなりの程度ローマ化しており，例えば，本来ゲルマン系の1部族 frankisk「フランク人（・語）」という語が指し示す意味もゲルマン的なのかローマ的なのかかなり曖昧なものとなっていた。すなわち「フランク人（ゲルマンの1部族）は軍事力ではローマ帝国に勝ったが文化面では敗北を喫した」と言われるように，南進したフランク人はローマ帝国の文化・宗教（キリ

---

1 ウォード・パーキンズ，B./南雲泰輔 訳(2014：46-48)『ローマ帝国の崩壊』（白水社）

スト教)・言語(ラテン語)を受け入れ次第にローマ化していく。その後10世紀頃になって封建制度が浸透し始めると，一般民の地域間の移動が少なくなり「隣村同士でことばが違う」というくらい方言の分化・細分化が進んだ[2]。

〈略年表〉

紀元後9年	ゲルマン人がローマ軍を破る(トイトブルクの戦い)。
1世紀末	ローマ皇帝ドミティアヌスがライン川・ドナウ川河畔に辺境防壁を築く。
2世紀後	ローマ皇帝マルクス・アウレリウス・アントニヌスが一部のゲルマン人の進入に対抗するため他のゲルマン人に応援を求め，その代償として彼らがローマ領内に定住することを認める。
375年	アッティラ率いるフン族の西進。
376年	西ゴート族がローマ帝国領内に移住。

主なゲルマン系諸民族を挙げれば以下のとおりである。

〈西ゲルマン系〉

アングロ人・ジュート人

　デンマーク付近を故郷とし，ブリタニア島(イングランド)に侵攻

---

[2] フランク王国が分裂して現在のドイツ・フランス・イタリアの原形ができていくわけである。

する。アングロ・サクソン七王国をたてる。

サクソン人

　一部ブリタニア島にわたったものもあれば，また一部は大陸側に残る。

〈**東ゲルマン系**〉

東ゴート人

　テオドリック王がイタリア半島(ラヴェンナ)に東ゴート王国を建国する。

西ゴート人

　ローマ皇帝ヴァレンスを破り(378年，アドリアノープルの戦い)，ローマに侵入する。5世紀に南フランス(現在のトゥールーズ)で西ゴート王国をたてる。

ブルグント人

　南フランス(ガリア東南部)に王国を建てる。後にロンバルド族と合流する。

ヴァンダル人

　アフリカの北部にヴァンダル王国を建国するが，6世紀にビザンツ帝国に滅ぼされる。

ロンバルド人

　東ゴート王国の後，北イタリアにロンバルド王国を作る。

〈**北ゲルマン系**〉

　ノルウェー系バイキングはノルマンディー公国を，スウェーデン

系バイキングはスラブ人の地にノブゴロド公国(さらにその南に)キエフ公国を建国する。

　これら諸部族の原住地は，ユトランド半島の森林・湖沼地帯もしくはバルト海沿岸と想定されるが，史料としてはタキトゥスの『ゲルマーニア』(後1世紀末)もしくはカエサルの『ガリア戦記』(前1世紀半)くらいしかなく詳細はわかっていない。それでも，著作『ゲルマーニア』の中でローマの歴史家タキトゥス(1世紀末)はゲルマン人についてこう記している：「ゲルマン人は鋭い空色の眼，ブロンドの頭髪，長大かつ強靱な体躯を種族全般にわたる特徴としている」。また，彼らには民会という組織があって，それに関するタキトゥスの記述を見ると，当時のゲルマン社会が垣間見える。武器をもつ自由民と首長・貴族が民会に出席し，戦争や移住について話し合いが行われ，その一端は『ゲルマーニア』を引用するならば「最も名誉ある賛成の仕方は武器をもって称讃することである」といった具合である。

　　「大きな事には，人民全員が集まって決める。彼らは新月あるいは満月の頃をきして集会を開く。これが事を起こすのに最も良いと信じているのである。彼らは武装のままで着席する。王や長老が，説得の権威をもって発言する。もしその意見が意にかなわないとき，聴衆はざわめきのもとにこれを一蹴する。しかし，もし意にかなった場合，彼らは剣を打ちあわす」(タキトゥス『ゲルマーニア』第11章)

紀元後4世紀頃をもって世界史上知られているゲルマン民族の大移動が始まることになる。ゲルマン系の一種族であるフランク人を例に挙げれば，彼らは南のローマ帝国に向けて次第に勢力を拡大し，彼らゲルマン系の言語はラテン語と接触することになっていく。ただし，いずれにせよ，源郷から南下して先住民のケルト人（紀元前10～4世紀頃までライン川・エルベ川・ドナウ川流域からアルプス以北のヨーロッパにわたる広い地域に居住していた）を駆逐し，紀元前後にローマ帝国との国境（ライン川・ドナウ川）・黒海沿岸に達するようになっていたのであろう。生活は主として牧畜・狩猟であり，農業（大麦・エンドウなど）はまだあまり発達していなかったようである。キウィタス civitas と呼ばれる部族集団で組織され，その内部は王または首長のもと，自由民（貴族・平民）と奴隷，戦士団などで構成され，ほぼ定住して小村落を形成していたと考えられている。時代が下るに従い，ゲルマン人はローマの傭兵・奴隷・小作人等としてローマ社会に同化していった。

　こうした史的背景のもと「ゲルマン」の元々の意味に立ち返れば，ゲルマン：ローマという対比にあってこそはじめて「ゲルマン」の本来の意義が浮かび上がってくることがわかる。ローマ世界に対するわれわれ民衆という内実を指し示すのである。英語で「ゲルマンの」を表わす Germanic の同義語として用いられる Teutonic（イタリア語で「ドイツの」を意味する tedesco に対応）もやはり，もともと「民衆の言語」theudisk（当時のゲルマン民族のことばを指す名称）という原義に由来する[3]。

本書では,「解説コラム」の中で現代ゲルマン語の諸問題も多めに扱うように留意した。具体的には言語政策・方言学に絡むテーマを軸に言葉に関係するさまざまな問題を取り上げた。ゲルマン諸言語に興味をもつ読者のために何らかの役に立つことを願うばかりである。コラムの執筆は,「ゴート人」・「ゴート語」・「ルーン文字」(1)〜(5)・「日本とオランダ」・「オランダ語史」・「ベルギーの言語事情」・「アフリカーンス語(Afrikaans)」を河崎が,「北欧語」(1)〜(4)を大宮が,「ルクセンブルクの教育制度」・「ゲルマン語と危機言語」・「方言と標準語」・「アルザス方言(Alsatian)」・「ロートリンゲン地方」・「ルクセンブルク語(Luxembourgish)」・「ルクセンブルク社会と移民」・「スイスドイツ語(Swiss German)」・「フリジア語(Frisian)」・「ゲルマン語の使用と多言語併用国家」を西出が, それぞれ担当した。なお, 基礎語彙の選定には, これまでの語彙研究(言語学・言語教育学)で培われてきた先行研究に負うところが実に大きい。謝意を表する次第である。

著者 一同

---

3 "An unambiguous name to denote the Germanic speech of the area, as opposed to the Vulgar Latin Speech of Gaul as well as the Latin of the Church and the learned, was theudisk i.e. the language of the people." (Bruce Donaldson (1983 : 4), *Dutch. A linguistic history of Holland and Belgium*)

目　次

はじめに ……………………………………………………………… i

ゲルマン語基礎語彙集 ……………………………………………… 1

解説コラム …………………………………………………………… 115

  北欧語(1) ………………………………………………………… 116

  北欧語(2) ………………………………………………………… 117

  北欧語(3) ………………………………………………………… 118

  北欧語(4) ………………………………………………………… 119

  ゴート人 ………………………………………………………… 120

  ゴート語 ………………………………………………………… 121

  ルーン文字(1) …………………………………………………… 122

  ルーン文字(2) …………………………………………………… 122

  ルーン文字(3) …………………………………………………… 124

  ルーン文字(4) …………………………………………………… 126

  ルーン文字(5) …………………………………………………… 127

  日本とオランダ語 ……………………………………………… 129

  オランダ語史 …………………………………………………… 130

  ベルギーの言語事情 …………………………………………… 132

ルクセンブルクの教育制度	134
ゲルマン語と危機言語	136
方言と標準語	137
アルザス方言(Alsatian)	139
ロートリンゲン地方	140
ルクセンブルク語(Luxembourgish)	141
ルクセンブルク社会と移民	142
スイスドイツ語(Swiss German)	143
フリジア語(Frisian)	144
アフリカーンス語(Afrikaans)	145
ゲルマン語の使用と多言語併用国家	146
ミニ文法	149
アイスランド語小文法	150
アフリカーンス語小文法	159
オランダ語小文法	171
ルクセンブルク語小文法	179

ゲルマン語基礎語彙集

—あ—

日本語	英語	オランダ語
アイスクリーム	ice cream	ijs
愛する	love	liefhebben
空いた	free	vrij
間に(へ)	between	tussen
合う	fit	passen
青色の	blue	blauw
赤色の	red	rood
明かり	light	licht
明るい	light	helder
赤ん坊	baby	baby
秋	autumn / fall	herfst
開ける	open	openen
朝	morning	ochtend
脚	leg	been
足	foot	voet
アジア	asia	Azië
味がする	taste	smaken
明日	tomorrow	morgen
遊ぶ	play	spleen
与える	give	geven
暖かい	warm	warm

ドイツ語	ルクセンブルク語	アイスランド語
Eis	Äis	rjóma ís
lieben	gär hunn	elska
frei	fräi	frjáls
zwischen	tësch(en)t	á milli
passen	passen	henta
blau	blo	blár
rot	rout	rauður
Licht	Liicht / Lut / Luucht	ljós
hell	hell	bjartur
Baby	Bëbee / Puppelchen	ungbarn
Herbst	Hierscht	haust
aufmachen	opmaachen	opna
Morgen	Moien	morgunn
Bein	Been	fótleggur
Fuß	Fouss	fótur
Asien	Asien	Asía
schmecken	schmaachen	smakka
morgen	muer	á morgun
spielen	spillen	leika
geben	ginn	gefa
warm	waarm	heitur

日本語	英語	オランダ語
頭	head	hoofd
新しい	new	nieuw
厚い	thick	dik
熱い	hot	heet
合っている	fit	kloppen
集める	collect	verzamelen
後で	later	later
あなたに	(to) you	u
あなたの	your	uw
あなたは	you	u
あなたを	you	u
油	oil	olie
甘い	sweet	zoet
雨傘	umbrella	paraplu
雨	rain	regen
雨が降る	rain	regenen
アメリカ	America	Amerika
アメリカ人	American	Amerikaans
誤り	mistake	fout
洗う	wash	wassen
ある	be	zijn
歩く	walk	lopen

ドイツ語	ルクセンブルク語	アイスランド語
Kopf	Kapp	höfuð
neu	nei	nýr
dick	déck	þykkur
heiß	(ganz) waarm	heitur
stimmen	stëmmen	stemma
sammeln	sammelen	safna
später	spéider	seinna
Ihnen	Iech	þér
Ihr	Är	þín
Sie	Dir	þú
Sie	Iech	þig
Öl	Ueleg	olía
süß	séiss	sætur
Regenschirm	Prabbeli	regnhlíf
Regen	Reen	regn
regnen	reenen	rigna
Amerika	Amerika	Ameríka
Amerikaner	Amerikaner	Ameríkani / Bandaríkjamaður
Fehler	Feeler	villa
waschen	wäschen	þvo
sein	sinn	vera
laufen	lafen	ganga

日本語	英語	オランダ語
アルバイトする	work part-time	een bijbaan hebben
安全な	safe	zeker

―い―

日本語	英語	オランダ語
言う	say	zeggen
家	house	huis
医学	medicine	geneeskunde
イギリス	England	Engeland
イギリス人	English	Engelsman / Engelse
行く	go	gaan
行く(乗り物で)	ride	gaan
居心地のよい	comfortable	comfortabel
医者	doctor	arts
椅子	chair	stoel
痛み	pain	pijn
イタリア	Italy	Italië
イタリア人	Italian	Italiaan
1月	January	januari
イチゴ	strawberry	aardbei
一度	once	een keer
いつ	when	wanneer
一緒に	together	samen
一緒に	with	met

ドイツ語	ルクセンブルク語	アイスランド語
jobben	jobben	vinna tímabundið
sicher	sécher	öruggur
sagen	soen	segja
Haus	Haus	hús
Medizin	Medizin	læknisfræði
England	England	England
Engländer	Englänner	Englendingur
gehen	goen	fara
fahren	fueren	aka
gemütlich	gemittlech	þægilegur
Arzt	Dokter	læknir
Stuhl	Stull	stóll
Schmerz	Péng	sársauki
Italien	Italien	Ítalía
Italiener	Italiener	Ítali
Januar	Januar	janúar
Erdbeere	Äerdbier	jarðarber
einmal	eemol / eng Kéier	einu sinni
wann	wéini	þegar
zusammen	zesummen	saman
mit	mat	með

日本語	英語	オランダ語
一緒に行く	go with	meegaan
一緒に来る	come along with	meekomen
一対	pair	paar
いっぱいの	full	voll
いつも	always	altijd
いとこ(男)	cousin	neef
いとこ(女)	cousin	nicht
犬	dog	hond
今	now	nu
意味する	mean	betekenen
意味する	mean	bedoelen
イヤリング	earring	oorbel
以来	since	sinds
色	color / colour	kleur
祝う	celebrate	feliciteren
インターネット	internet	internet
インフルエンザ	flu / influenza	griep

― う ―

日本語	英語	オランダ語
ウェーター	waiter	ober
上で(へ)	on / upon	op
上に	above	boven

ドイツ語	ルクセンブルク語	アイスランド語
mitgehen	matgoen	fara með
mitkommen	matkommen	koma með
Paar	Puer	par
voll	voll	fullur
immer	ëmmer	alltaf
Cousin	Koseng	frændi
Cousine	Kosengesch	frænka
Hund	Hond	hundur
jetzt	(e)lo	núna / nú
bedeuten	bedeiten	þýða
meinen	mengen	meina
Ohrring	Ouerrank	eyrnalokkur
seit	zënter	síðan
Farbe	Faarf	litur
feiern	feieren	fagna / halda hátíðlegan
Internet	Internet	internet
Grippe	Gripp	flensa / inflúensa
Kellner	Garçon	þjónn
auf	op	a
oben	uewen	uppi

日本語	英語	オランダ語
受付(ホテル)	reception	receptie
失う	lose	verliezen
うしろに(へ)	behind	achter
薄い・細い	thin	dun
歌う	sing	zingen
美しい	beautiful	mooi
腕	arm	arm
生まれた	born	geboren
海	sea	zee
売る	sell	verkopen
うるさい	loud	lawaai(er)ig
上着	jacket	jas
運転手	driver	chauffeur
運転免許証	driver's license	rijbewijs

―え―

日本語	英語	オランダ語
絵	picture	schilderij
エアコン	air-conditioner	aircoditioning
映画	film / movie	film
映画館	theater / cinema	bioscoop
営業時間	business hours	openingstijden
英語	English	Engels
描く	paint	afbeelden

ドイツ語	ルクセンブルク語	アイスランド語
Rezeption	Receptioun	gestamóttaka
verlieren	verléieren	tapa
hinter	hanner	að baki
dünn	dënn	þunnur
singen	sangen	syngja
schön	schéin	fallegur
Arm	Aarm	armur
geboren	gebuer	fæddur
See	Mier	haf / sjór
verkaufen	verkafen	selja
laut	haart	hávær
Jacke	Jackett	jakki
Fahrer	Chauffer	bílstjóri
Führerschein	Führerschäin / Permis	ökuskírteini

Bild	Bild	mynd
Klimaanlage	Klimaanlag	loftkæling
Film	Film	kvikmynd
Kino	Kino	bíó
Öffnungszeit	Geschäftszäit	opnunartími
Englisch	Englesch	enska
malen	molen	mála

日本語	英語	オランダ語
駅	station	station
選ぶ	choose	kiezen
演劇	theater	toneel
鉛筆	pencil	potlood
遠足	excursion / trip	tochtje

―お―

日本語	英語	オランダ語
甥	nephew	neef
追い抜く	overtake	inhalen
追う	follow	volgen
大きい	big / large	groot
オーストリア	Austria	Oostenrijk
オートバイ	motorcycle	motorfiets
お金	money	geld
補う	compensate	aanvullen
置く	put	leggen
送る	send	sturen
贈る	present	geven
遅れ	delay	vertraging
起こす	wake	wekken
起こる	happen	plaatsvinden
おじ	uncle	oom
押す	push	drukken

ドイツ語	ルクセンブルク語	アイスランド語
Bahnhof	Gare	stöð
wählen	wielen	kjósa / velja
Theater	Theater	leikhús
Bleistift	Bläistëft	blýantur
Ausflug	Ausfluch	skemmtiferð
Neffe	Neveu	frændi
überholen	iwwerhuelen	fara fram úr
folgen	folgen	fylgja
groß	grouss	stór
Österreich	Éisterräich	Austurríki
Motorrad	Motorrad	mótorhjól
Geld	Geld	peningar
ersetzen	ersetzen	bæta
legen	leeën	leggja
schicken	schécken	senda
schenken	schenken	gefa
Verspätung	Verspéidung	töf / seinkun
wecken	waakreg maachen	vekja
passieren	geschéien	gerast
Onkel	Monni	frændi
drücken	drécken	ýta

日本語	英語	オランダ語
遅い	late	laat
男	man	man
大人	adult	volwassene
踊る	dance	dansen
おば	aunt	tante
オペラ	opera	opera
重い	heavy	zwaar
思う	think	geloven
おもちゃ	toy	speelgoed
泳ぐ	swim	zwemmen
降りる	get off	uitstappen
オレンジ	orange	sinaasappel
音楽	music	muziek
音楽的な	musical	muzikaal
温度	temperature	temperatuur
オンラインの	online	online

―か―

か	or	of
課	lesson	les
カーテン	curtain	gordijn
カード	card	kaart
階	floor	verdieping

ドイツ語	ルクセンブルク語	アイスランド語
spät	spéit	seinn
Mann	Mann	maður
Erwachsene(r)	Erwuessen(en)	fullorðinn
tanzen	danzen	dansa
Tante	Tatta	frænka
Oper	Oper	ópera
schwer	schwéier	þungur
glauben	mengen	hugsa
Spielzeug	Spillsaach	leikfang
schwimmen	schwammen	synda
aussteigen	erausklammen	fara úr
Orange	Orange	appelsína
Musik	Musek	tónlist
musikalisch	musikalesch	músíkalskur
Temperatur	Temperatur	hiti
online	online	beintengdur
oder	oder	eða
Lektion	Lektioun	lexía / kafli
Vorhang	Rideau	fortjald
Karte	Kaart	kort
Stock	Stock	hæð

日本語	英語	オランダ語
外国	overseas	buitenland
外国語	foreign language	vreemde taal
外国人	foreigner	buitenlander
外国の	foreign	buitenlands
会社	company	maatschappij
会社員	office worker / employee	werknemer
外出する	go out	uitgaan
階段	stairs	trap
快適な	comfortable	comfortabel
解答	answer	oplossing
買い物する	shop	boodschappen doen
買う	buy	kopen
顔	face	gezicht
鏡	mirror	spiegel
輝く	shine	schijnen
かかる(時間)	take	duren
かかる(費用)	cost	kosten
鍵	key	sleutel
書く	write	schrijven
家具	furniture	meubel
隠す	hide	verbergen
学生	student	student / -e

ドイツ語	ルクセンブルク語	アイスランド語
Ausland	Ausland	útland
Fremdsprache	Friemsprooch	útlenska
Ausländer	Auslänner	útlendingur
ausländisch	auslännesch	erlendur
Firma	Firma	firma / fyrirtæki
Angestellter / Angestellte	Employé / -e	launþegi / starfsmaður
ausgehen	ausgoen	fara út
Treppe	Trap	stigi
bequem	bequem	þægilegur
Lösung	Léisung	svar
einkaufen	akafen	versla
kaufen	kafen	kaupa
Gesicht	Gesiicht	andlit
Spiegel	Spigel	spegill
scheinen	schéngen	skína
dauern	daueren	taka
kosten	kaschten	kosta
Schlüssel	Schlëssel	lykill
schreiben	schreiwen	skrifa
Möbel	Miwwel	húsgögn (pl.)
verstecken	verstoppen	fela
Student	Student	nemandi / nemi

日本語	英語	オランダ語
掛ける	hang	hangen
欠ける	lack	ontbreken
加工する	process	verwerken
賢い	clever	wijs
歌手	singer	zanger / -es
貸す	rent / let / lease	verhuren
貸す・借りる	lend / borrow	lenen
稼ぐ	earn	verdienen
風	wind	wind
風邪を引く	catch a cold	een kou vatten
数える	count	tellen
家族	family	gezin
ガソリンスタンド	gas station	benzinestation
ガソリンを入れる	fuel	tanken
肩	shoulder	schouder
固い	hard	hard
課題	task / assignment	opgave
片付ける	tidy / clean up	opruimen
語る	tell	verhalen
学期	semester	semester
かっこいい	cool	stoer
学校	school	school
カップ	cup	kop

ドイツ語	ルクセンブルク語	アイスランド語
hängen	hänken	hengja
fehlen	feelen	vanta
bearbeiten	beaarbechten	vinna
klug	klug	snjall
Sänger	Sänger	söngvari
vermieten	verlounen	leigja
leihen	léinen	lána / fá að láni
verdienen	verdéngen	hagnast / þéna
Wind	Wand	vindur
sich erkälten	sech erkalen	kvefast
zählen	zielen	telja
Familie	Famill	fjölskylda
Tankstelle	Tankstatioun	bensínstöð
tanken	tanken	taka bensín
Schulter	Schëller	herðar
hart	haart	harður
Aufgabe	Aufgab	hlutverk
aufräumen	opraumen	laga til
erzählen	erzielen	segja
Semester	Semester	misseri
cool	cool	svalur
Schule	Schoul	skóli
Tasse	Taass	bolli

日本語	英語	オランダ語
角	corner	hoek
かどうか	whether / if	of
悲しい	sad	verdrietig
金持ちの・豊かな	rich	rijk
可能な	possible	mogelijk
彼女に	her	haar
彼女の	her	haar
彼女は・彼らは・彼女らは	she, they	zij
彼女を・彼らを・彼女らを	her, them	haar, hun / hen
鞄	bag	tas
花瓶	vase	bloemenvaas
壁	wall	wand
壁	wall	muur
紙	paper	papier
髪	hair	haar
カメラ	camera	camera
火曜日	Tuesday	dinsdag
から	from	van
から	from	uit
体を洗う	wash one's body / bathe	zich wassen

ドイツ語	ルクセンブルク語	アイスランド語
Ecke	Eck	horn / krókur
ob	ob	hvort
traurig	traureg	dapur
reich	räich	ríkur
möglich	méiglech	mögulegur
ihr	hir / er	hanni
ihr	hir / er	hennar
sie	si / se / s'	hún / þeir / þær
sie	si / se / s'	hana / þá / þær
Tasche	Täsch	poki / taska
Vase	Vas	vasi
Wand	Wand	veggur / múr
Mauer	Mauer	veggur / múr
Papier	Pabeier	pappír
Haar	Hor	hár
Kamera	Kamera	myndavél
Dienstag	Dënschdeg	þriðjudagur
von	vun	af / frá / úr
aus	aus	af / frá / úr
sich waschen	sech wäschen	þvo sér

日本語	英語	オランダ語
空の	empty	leeg
借りる	rent / hire	huren
軽い	light	licht
ガレージ	garage	garage
彼に・それに	him	hem
彼の	his	zijn
彼は	he	hij
彼らに・彼女らに・それらに	them	hun
彼を	him	hem
川	river	rivier
かわいい	pretty	mooi
かわいい	charming	lief
乾き(喉)	thrist	dorst
缶	can	bus
考える	think	denken
環境	environment	milieu
観光名所	sightseeing spots	bezienswaardigheden
韓国	Korea	Korea
韓国語	Korean	Koreaans
韓国人	Korean	Koreaan
観察する	observe	observeren

ドイツ語	ルクセンブルク語	アイスランド語
leer	eidel	tómur
mieten	lounen	leiga
leicht	liicht	léttur
Garage	Garage	bílskúr
ihm	him / em	honum / því
sein	säin	hans
er	hien / en	hann
ihnen	hinnen / en	þeim
ihn	hien / en	hann
Fluss	Floss	á
hübsch	séiss	snotur
lieb	léif	töfrandi
Durst	Duuscht	þorsti
Dose	Dous	dós
denken	denken / mengen	hugsa / halda / hyggja / álíta
Umwelt	Ëmwelt	umhverfi
Sehenswürdigkeiten	Sehenswürdegkeeten	merkisstaður
Korea	Korea	Kórea
Koreanisch	Koreanesch	kóreska
Koreaner	Koreaner	Kórei
beobachten	beobachten	skoða / athuga

日本語	英語	オランダ語
患者	patient	patiënt
感謝する	thank	danken
完全に	completely	helemaal
簡単な	easy / simple	eenvoudig

―き―

日本語	英語	オランダ語
気	desire / passion / lust / wish	gevoel
木	tree	boom
黄色の	yellow	geel
機械	machine	machine
着替える(衣服)	change clothes	zich omkleden
聞く	hear	horen
危険な	dangerous	gevaarlijk
技術者	technician / engineer	technicus
起床する	get up	opstaan
季節	season	seizoen
規則正しい	regular	regelmatig
北	north	noorden
北の	northern	noordelijk
ギター	guitar	gitaar
汚い	dirty	vies

ドイツ語	ルクセンブルク語	アイスランド語
Patient	Patient	sjúklingur
danken	danken	þakka
völlig	racks	algerlega
einfach	einfach	auðveldur / einfaldur
Lust	Loscht	girnd / löngun / lyst / unun
Baum	Baam	tré
gelb	giel	gulur
Maschine	Maschinn	vél
sich umziehen	sech anescht undoen	skipta um föt
hören	héieren	heyra
gefährlich	geféierlech	hættulegur
Techniker	Techniker	tæknifræðingur / tæknimaður
aufstehen	opstoen	standa upp
Jahreszeit	Joreszäit	árstíð
regelmäßig	regelméisseg	reglulegur
Norden	Norden	norður
nördlich	nërdlech	norðlægur
Gitarre	Gittar	gítar
schmutzig	knaschteg	óhreinn

日本語	英語	オランダ語
喫茶店	cafe / coffee shop	theehuis
キッチン	kitchen	keuken
気に入る	like	bevallen
記入する	fill out	invullen
記念碑	monument	monument
昨日	yesterday	gisteren
機能する	function / work	functioneren
君たちの	your	jullie
君たちは	you	jullie
君たちを・君たちに	you	jullie
君に	you	jou
君の	your	jouw
君は	you	jij
君を	you	jou
客	guest	gast
キャリア	career	carrière
休暇	holiday / vacation	vakantie
休暇	holiday / vacation	vakantie
休憩	rest	pause
今日	today	vandaag
教員	teacher	leraar
教会	charch	kerk

ドイツ語	ルクセンブルク語	アイスランド語
Café	Café	kaffihús
Küche	Kichen	eldhús
gefallen	gefalen	líka
ausfüllen	ausfëllen	útfylla
Denkmal	Denkmal	minnismerki
gestern	gëschter	í gær
funktionieren	funktionéieren	virka
euer	är	ykkar
ihr	dir / der	þið
euch	iech	ykkur
dir	dir / der	þér
dein	däin	þín
du	du / de / d'	þú
dich	dech	þig
Gast	Gaascht	gestur
Karriere	Carrière	starf
Ferien (pl.)	Vakanz	frí / orlof
Urlaub	Congé	frí / orlof
Pause	Paus	hlé
heute	haut	í dag
Lehrer	Schoulmeeschter / Schoulmeeschtesch	kennari
Kirche	Kierch	kirkja

日本語	英語	オランダ語
教科書	textbook	leerboek
教授	professor	professor
享受する	enjoy	genieten
兄弟	brother	broer
兄弟姉妹	siblings	gezusters
興味	interest	interesse
興味深い	interesting	interessant
興味をもつ	be interested in	zich interesseren
切る	cut	snijden
着る(衣服)	dress	aandoen
キログラム	kilogram / kilogramme	kilo(gram)
キロメートル	kilometer / kilometer	kilometer
議論	discussion	discussie
金色の	golden	gouden
銀行	bank	bank
勤勉な	diligent / hardworking	vlijtig
金曜日	Friday	vrijdag

ドイツ語	ルクセンブルク語	アイスランド語
Lehrbuch	Léierbuch	kennslubók / námsbók
Professor	Professer	prófessor
genießen	genéissen	njóta
Bruder	Brudder	bróðir
Geschwister	Geschwëster	systkini
Interesse	Interessi	áhugamál
interessant	interessant	áhugaverður
sich interessieren	sech interesséieren	hafa áhuga á
schneiden	schneiden	skera
sich anziehen	undoen	klæða sig
Kilo(gramm)	Kilo(gramm)	kílógramm
Kilometer	Kilometer	kílómetri
Disskusion	Diskussioun	umræða
golden	gëllen	gullinn
Bank	Bank	banki
fleißig	fläisseg	iðinn
Freitag	Freideg	föstudagur

日本語	英語	オランダ語

—く—

日本語	英語	オランダ語
空港	airport	luchthaven
空腹	hungry	honger
9月	September	september
くし	comb	kam
薬	medicine	medicijn
薬(錠剤)	tablet	pil
果物	fruit	vrucht
口	mouth	mond
くつ	shoes	schoen
くつした	socks	sok
クッション	cushion	kussen
国	country	land
首・のど	neck (首) throat(のど)	hals
雲	cloud	wolk
曇りの	cloudy	bewolkt
暗い	dark	donker
クラス	class	klas
グラス	glass	glas
クリスマス	Christmas	Kerstmis

| ドイツ語 | ルクセンブルク語 | アイスランド語 |

Flughafen　　　　Fluchhafen　　　　flugvöllur
Hunger　　　　　Honger　　　　　hungraður
September　　　　September　　　　september
Kamm　　　　　Kamp　　　　　　greiða
Medikament　　　Medikament　　　lyf
Tablette　　　　　Pëll　　　　　　　lyfjatafla
Obst　　　　　　Uebst　　　　　　ávöxtur
Mund　　　　　Mond　　　　　　munnur
Schuhe (pl.)　　　Schong　　　　　skór (sg.)
Socken (pl.)　　　Séckercher　　　　sokkur (sg.)
Kissen　　　　　Këssen　　　　　púði
Land　　　　　　Land　　　　　　land

Hals　　　　　　Hals　　　　　　háls

Wolke　　　　　Wollek　　　　　ský
bewölkt　　　　wollekeg　　　　　skýjaður
dunkel　　　　　donkel　　　　　dimmur
Klasse　　　　　Klass　　　　　　kennslustund
Glas　　　　　　Glas　　　　　　glas
Weihnachten　　　Chrëschtdag (sg.) /　jól
　　　　　　　　Chrëschtdeeg (pl.)

日本語	英語	オランダ語
クリックする	click	klikken
グリルする	grill	grillen
来る	come	komen
グループ	group	groep
車	car	auto
クレジットカード	credit card	creditcard
黒色の	black	zwart

―け―

日本語	英語	オランダ語
計画	plan	plan
警官	policeman	polizieman
警察	police	politie
計算する	count / calculate	rekenen
形式的な	formal	formeel
芸術	art	kunst
携帯電話	mobile phone	mobiele telefoon
ケーキ	cake	taart
けがをする	get hurt	gewond raken
消しゴム	eraser	gom
結婚式	wedding ceremony	trouwfeest
結婚している	married	getrouwd
結婚する	marry	huwen
決して〜ない	never	nooit

ドイツ語	ルクセンブルク語	アイスランド語
klicken	klicken	smella
grillen	grillen	grilla
kommen	kommen	koma
Gruppe	Grupp	hópur
Auto	Auto	bíll
Kreditkarte	Kreditkaart	greiðslukort
schwarz	schwaarz	svartur
Plan	Plang	áætlun
Polizist	Polizist	lögreglumaður
Polizei	Polizei	lögregla
rechnen	rechnen	reikna
formell	formell	formlegur
Kunst	Konscht	list
Handy	Handy	farsími
Kuchen	Kuch	kaka
sich verletzen	sech verletzen	meiða sig
Radiergummi	(Radéier)gummi	strokleður
Hochzeit	Hochzäit	giftingar-athöfn
verheiratet	bestuet	giftur
heiraten	bestueden	gifta
nie	ni	aldrei

| 日本語 | 英語 | オランダ語 |

月曜日	Monday	maandag
下痢	diarrhoea / diarrhea	diarree
見学する	visit / view	bezichtigen
言語	language	taal
健康	health	gezondheid
健康な	healthy	gezond
建築する	build	bouwen

―こ―

語	word	woord
個 [単位]	piece	stuk
語彙	vocabulary	vocabulaire
公園	park	park
合格する	pass	slagen
交換する	exchange	wisselen
好感のもてる	likable	aardig
講義	lecture	college
高校	highschool	middelbare school
交差点	crossing / interseciton	kruispunt
工場	factory	fabriek
高速道路	freeway / motorway	snelweg
紅茶	tea	thee

ドイツ語	ルクセンブルク語	アイスランド語
Montag	Méindeg	mánudagur
Durchfall	Duerchfall	niðurgangur
besichtigen	besiichtegen	heimsækja
Sprache	Sprooch	mál
Gesundheit	Gesondheet	heilbrigði / heilsa
gesund	gesond	heilbrigður
bauen	bauen	byggja
Wort	Wuert	orð
Stück	Stéck	moli
Vokabel	Vokabel	orðaforði
Park	Park	garður
bestehen	packen	standast
wechseln	wiesselen	skipta
sympathisch	sympathesch	geðfelldur
Vorlesung	Virliesung	fyrirlestur
Oberschule	Lycée	menntaskóli
Kreuzung	Kräizung	gatnamót
Fabrik	Fabréck	verksmiðja
Autobahn	Autobunn	hraðbraut
Tee	Téi	te

日本語	英語	オランダ語
公的な	public	publiek
口頭の	oral / verbal	mondeling
公務員	official / civil servant	ambtenaar / ambtenares
コート	coat	jas
コーヒー	coffee	koffie
コーラ	cola	cola
語学コース	language course	taalcursus
5月	May	mei
午後	afternoon	middag
心地よい	comfortable	aangenaam
ここで	here	hier
試みる	try / attempt	proberen
個人的な	personal / private	persoonlijk
小銭	(small) change	kleingeld
午前	the morning	morgen
答え	answer	antwoord
答える	answer	antwoorden
小包	parcel	packet
異なった	different	verschillend
子供	child / kids	kind
この	this	deze
好んで	willingly / gladly	graag
コピーする	copy	kopiëren

ドイツ語	ルクセンブルク語	アイスランド語
öffentlich	ëffentlech	almenningur
mündlich	mëndlech	munnlegur
Beamter / Beamtin	Beamten / Beamtin	opinber starfsmaður
Mantel	Mantel	frakki
Kaffee	Kaffi	kaffi
Cola	Cola	kók
Sprachkurs	Sproochcours	málanámskeið
Mai	Mee	maí
Nachmittag	Nomëtteg	eftirmiðdagur
angenehm	agreabel	þægilegur
hier	hei	hérna / hér
versuchen	versichen	reyna
persönlich	perséinlech	persónulegur
Kleingeld	Mënz	klink
Vormittag	Virmëtteg	morgunn / árdegi
Antwort	Äntwert	svar
antworten	äntweren	svara
Paket	Pak	pakki
verschieden	verschidden	frábrugðinn
Kind	Kand	barn
dieser	dësen	þessi
gern	gär	fúslega
kopieren	kopéieren	ljósrita

日本語	英語	オランダ語
ゴミ	waste / rubbish	afval
米	rice	rijst
コメントする	comment	commentariëren
壊れている	broken	kapot
コンサート	concert	concert
困難な	difficult	moeilijk
コンピュータ	computer	computer

―さ―

サーフィンする	surf	surfen
最後	end	eind
最後の	last / final	laatst
最初	first / beginning	begin
菜食の	vegetarian	vegetarisch
最初の	first	eerst
サイズ	size	maat
財布	wallet	portemonnee
探す	search	zoeken
魚	fish	vis
させる	let	laten
作家	writer	Schrijver / schrijfster
サッカー	football	voetbal

| ドイツ語 | ルクセンブルク語 | アイスランド語 |

Müll	Offall	múll
Reis	Räis	hrísgrjón
kommentieren	kommentéieren	úrgangur
kaputt	futti	bilaður
Konzert	Concert	tónleikar
schwierig	schwiereg	erfiður
Computer	Computer	tölva

surfen	surfen	bruna á brimbretti
Ende	Enn	endir
letzt	lescht	síðastur / endanlegur
Anfang	Ufank	byrjun / upphaf
vegetarisch	vegetaresch	jurtaæta / grænmetisæta
erst	éischt	fyrst
Größe	Gréisst	stærð
Portmonee	Portmonni	veski
suchen	sichen	leita
Fisch	Fësch	fiskur
lassen	loossen	láta
Schriftsteller	Schrëftsteller	rithöfundur
Fußball	Foussball	fótbolti / knattspyrna

日本語	英語	オランダ語
サッカー選手	football player	voetballer
雑誌	magazine	tijdschrift
雑談する	chat	zich onderhouden
砂糖	suger	suiker
皿	dishes	bord
サラダ	salad	salade
さん［男性］	Mr.	meneer
さん［女性］	Ms. / Mrs.	mevrouw
参加する	participate	deelnemen
3月	March	maart
残念ながら	I'm afraid / unfoutunately	jammer
散歩に行く	take a walk	wandelen

―し―

試合	game	wedstrijd
幸せな	happy	gelukkig
ジーパン	jeans	spijkerbroek
塩	salt	zout
塩辛い	salty	zout
市街地図	city map / urban map	plattegrond
しかし	but / however	maar
しかしながら	but / however	toch

ドイツ語	ルクセンブルク語	アイスランド語
Fußballspieler	Foussballspiller	knattspyrnumaður
Zeitschrift	Zäitschrëft	tímarit
sich unterhalten	sech ënnerhalen	spjalla
Zucker	Zocker	sykur
Teller	Teller	diskur
Salat	Zalot	salat
Herr	Här	hr. (herra)
Frau	Madamm	fr.(fröken / frú)
teilnehmen	deelhuelen	taka þátt
März	Mäerz	mars
leider	leider	Því miður
spazieren	spadséieren	fara í gönguferð
Spiel	Spill	leikur
glücklich	glécklech	hamingjusamur
Jeans (pl.)	Jeans	gallabuxur
Salz	Salz	salt
salzig	salzeg	saltur
Stadtplan	Stadplang	borgarkort
aber	ma / mee / awer	en
doch	dach	en

日本語	英語	オランダ語
4月	April	april
時間	time	tijd
時間［単位］	hour	uur
時間通りの	punctual	punctueel
試験	examination	examen
事故	accident	ongeval
時刻表	timetable	dienstregeling
仕事	work / job	werk
支出する	expend	uitgeven
辞書	dictionary	woordenboek
市場	market	markt
静かな	quiet	rustig
自然	nature	natuur
自然科学	natural science	natuurwetenschap
したい	want	willen
下に	under	onder
7月	July	juli
試着する	try / fit	aanpassen
シックな	chic	chic
じっくり考える	consider	overleggen
知っている	know	kennen
知っている	know	weten
質問	question	vraag

ドイツ語	ルクセンブルク語	アイスランド語
April	Abrëll	apríl
Zeit	Zäit	tími
Stunde	Stonn	stund
pünktlich	pénktlech	stundvís
Prüfung	Examen	próf
Unfall	Onfall	slys
Fahrplan	Fuerplang	tímaáætlun
Arbeit	Aarbecht	starf / vinna / verk
ausgeben	ewechginn	verja
Wörterbuch	Wierderbuch	orðabók
Markt	Maart	markaður
ruhig	roueg	hljóður
Natur	Natur	náttúra
Naturwisscehnschaft	Naturwëssenschaft	náttúruvísindi
möchten	géing gär	vilja / langa
unter	ënner(t)	undir
Juli	Juli	júlí
anprobieren	uprobéieren	máta
schick	chic	glæsilegur
sich überlegen	iwwerleeën	hugleiða
kennen	kennen	þekkja
wissen	wessen	vita / kunna
Frage	Fro	spurning

日本語	英語	オランダ語
質問する	ask / question	vragen
実用的な	practical	praktisch
してよい	may	mogen
市電	streetcar / tram	tram
自転車	bicycle	fiets
自動販売機	vending machine	automaat
市内観光	city tour / city sights	stadstour
しなければならない	must / have to	moeten
死ぬ	die	sterven
しばしば	often	vaak
支払う	pay	betalen
自分自身の	own	eigen
島	island	eiland
姉妹	sister	zuster
事務所	office	kantoor
自明の	self-evident	vanzelfsprekend
示す	show	wijzen
湿った	wet	vochtig
占められた	occupied	bezet
閉める	close / shut	sluiten
ジャーナリスト	journalist	journalist
シャープペンシル	mechanical pecil	vulpotlood

| ドイツ語 | ルクセンブルク語 | アイスランド語 |

fragen	froen	spyrja
praktisch	praktesch	hagnýtur
dürfen	däerfen	mega
Straßenbahn	Tram	sporvagn
Fahrrad	Vëlo	hjól
Automat	Automat	sjálfsali
Stadtrundfahrt	Tour duerch d'Stad	skoðunarferð

müssen	mussen	verða að
sterben	stierwen	deyja
oft	dacks	oft
bezahlen	bezuelen	borga
eigen	eegen	eiginn
Insel	Insel	eyja
Schwester	Schwëster	systir
Büro	Büro	skrifstofa
selbstverständlich	selbstverständlech	augljós
zeigen	weisen	sýna
feucht	fiicht	blautur
besetzt	besat	upptekinn
schließen	schléissen	loka
Journalist	Journalist	blaðamaður
Druckbleistift	Bläistëft	vélrænni blýantur

日本語	英語	オランダ語
ジャガイモ	potato	aardappel
市役所	city hall / town hall	gemeentehuis
写真	photo / picture	foto
写真を撮る	take a picture	fotograferen
シャツ	shirt	shirt
ジャム	jam	jam
シャワー	shower	douche
シャワーを浴びる	take a shower	douchen
自由	freedom	vrijheid
週	week	week
10月	October	oktober
11月	November	november
住所	address	adres
ジュース	juice	sap
じゅうたん	carpet	tapijt
12月	December	december
週末	weekend	weekend
重要な	important	belangrijk
授業	classes / lessons	les
祝日	national holiday	feestdag
宿題	homework	huiswerk
出生	birth	geboorte
出発	departure	vertrek

ドイツ語	ルクセンブルク語	アイスランド語
Kartoffel	Gromper	kartafla
Rathaus	Gemeng	ráðhús
Foto	Foto	ljósmynd
fotografieren	fotograféieren	ljósmynda
Hemd	Hiem	skyrta
Marmelade	Gebeess	sulta
Dusche	Dusch	sturta
sich duschen	sech duschen	fara í sturtu
Freiheit	Fräiheet	frelsi
Woche	Woch	vika
Oktober	Oktober	október
November	November	nóvember
Adresse	Adress	heimilisfang
Saft	Jus	safi
Teppich	Teppech	gólfteppi
Dezember	Dezember	desember
Wochenende	Weekend	helgi
wichtig	wichteg	mikilvægur
Unterricht	Schoul(stonn)	kennslustund
Feiertag	Feierdag	almennur frídagur
Hausaufgabe	Hausaufgab	heimavinna
Geburt	Gebuert	fæðing
Abfahrt	Depart	brottför

日本語	英語	オランダ語
出発する	leave / depart	vertrekken
首都	capital	hoofdstad
主婦	housewife	huisvrouw
趣味	hobby	hobby
準備する	prepare	voorbereiden
紹介	introduction	voorstelling
紹介する	introduce	voorstellen
小学校	primary (elementary) school	basisschool
定規	ruler	liniaal
乗車券	ticket	kaartje
少女	girl	meisje
小説	novel	roman
招待する	invite	uitnodigen
少年	boy	jongen
情報	information	informatie
証明書	certificate	bewijs
職業	job / occupation	beroep
食事	meal	eten
植物	plant	plant
食料品	foods	eetwaren (pl.)
助言	advice	advise
食器	tableware	tafelgerei

| ドイツ語 | ルクセンブルク語 | アイスランド語 |

abfahren	offueren	fara
Hauptstadt	Haaptstad	höfuðborg
Hausfrau	Hausfra	húsmóðir
Hobby	Hobby	tómstundagaman
vorbereiten	virbereeden	undirbúa
Vorstellung	Virstellung	kynning
vorstellen	virstellen	kynna
Grundschule	Primärschoul	grunnskóli

Lineal	Lineal	reglustika
Fahrkarte	Ticket	farmiði
Mädchen	Meedchen	stelpa / stúlka
Roman	Roman	skáldsaga
einladen	alueden	bjóða
Junge	Bouf / Jong	strákur
Information	Informatioun	upplýsingar
Ausweis	Carte d'identité	skilríki
Beruf	Beruff	atvinna
Essen	Iessen	máltíð
Pflanze	Planz	planta
Lebensmittel (pl.)	Liewensmëttel	matvæli
Tipp	Rot	ráð
Geschirr	Geschir	borðbúnaður

日本語	英語	オランダ語
ショッピング・センター	shopping center	winkelcentrum
書店	bookshop	boekwinkel
処方箋	prescription	recept
署名する	sign / subscribe	ondertekenen
所有する	possess / own	bezitten
知り合う	get to know / meet	kennis maken
城	castle / lock	kasteel
城	castle	burcht
シングル・ルーム	single room	eenpersoonskamer
信号	traffic lights	signaal
診察時間	consultation hour	spreekuur
寝室	bedroom	slaapkamer
神社	Shinto-shrine	shinto-heiligdom
親戚	relative	verwandt(e)
親切な	kind	aardig
新鮮な	fresh	vers
心臓	heart	hart
慎重な	careful	voorzichtig
死んでいる	dead	dood
新年	new year	nieuwjaar
新聞	newspaper	krant

ドイツ語	ルクセンブルク語	アイスランド語
Einkaufszentrum	Geschäftszentrum	verslunarmiðstöð
Buchhandlung	Librairie	bókabúð
Rezept	Rezept	lyfseðill
unterschreiben	ënnerschreiwen	undirrita
besitzen	besëtzen	eiga
kennenlernen	kenneléieren	hitta
Schloss	Schlass	kastali
Burg	Buerg	kastali
Einzelzimmer	Eenzelzëmmer	eins manns herbergi
Ampel	Verkéiersluucht	umferðaljós
Sprechstunde	Konsultatioun	viðtalstími
Schlafzimmer	Schlofzëmmer	svefnherbergi
Schinto-Schrein	Schinto-Tempel	helgidómur
Verwandte(r)	Famill	skyldmenni / ættingi
nett	léif	góður / vænn
frisch	frësch	ferskur
Herz	Häerz	hjarta
vorsichtig	virsiichteg	varkár
tot	dout	dauður
Neujahr	neit Joer / Neijoerschdag	nýár
Zeitung	Zeitung	dagblað

日本語	英語	オランダ語

—す—

日本語	英語	オランダ語
スイス	Switzerland	Zwitserland
スイス人	Swiss	Zwitser
推薦する	recommend	aanbevelen
水曜日	Wednesday	woensdag
推理小説	mystery story / detective story	detective
数学	mathematics	wiskunde
スーツ	suit	kostuum
スーツケース	suitcase	koffer
スーパー	supermarket	supermarkt
スープ	soup	soep
スカート	skirt	rok
スカーフ	scarf	sjaal
スキー	ski	ski
好きだ	like	van houden
少ない	less / fewer	weinig
スケッチする	draw	schetsen
少し	a bit	een beetje
涼しい	cool	koel
酸っぱい	sour	zuur
すでに	already	al

ドイツ語	ルクセンブルク語	アイスランド語
Schweiz	Schwäiz	Sviss
Schweizer	Schwäizer	Svisslendingur
empfehlen	empfeelen	mæla með
Mittwoch	Mëttwoch	miðvikudagur
Krimi	Krimi	glæpasaga
Mathematik	Mathematik	stærðfræði
Anzug	Kostüm	jakkaföt
Koffer	Wallis	ferðataska
Supermarkt	Supermarché	stórmarkaður
Suppe	Zopp	súpa
Rock	Jupe	pils
Schal	Schal	hálsklútur / trefill
Ski	Ski	skíði
mögen	gär hunn	líka
wenig	wéineg	lítið / fár / lítill
zeichnen	zeechnen	teikna
ein bisschen	e bëssen	svolítið
kühl	kill	svalur
sauer	sauer	súr
schon	schonn(s)	þegar

日本語	英語	オランダ語
ストーブ	oven	kachel
ストッキング	stockings	kous
スパゲッティ	spaghetti	spaghetti
すばらしい	wonderful	prachtig
スプーン	spoon	lepel
スペイン	Spain	Spanje
スペイン語	Spanish	Spaans
スペイン人	Spanish	Spanjaard / Spaanse
すべきだ	should	moeten
すべての	all	alle
スポーツ	sport	sport
スポーツ選手	athilete	beoefenaar(ster)
スポーティな	sporty / sporting	sportief
ズボン	trousers	broek
住まい	residence	woning
住む	live	wonen
する	do	doen
鋭い	sharp	scherp
座っている	sit	zitten
座らせる	seat	zetten

ドイツ語	ルクセンブルク語	アイスランド語
Ofen	Uewen	ofn
Strumpf	Strëmp	sokkar
Spaghetti	Spagetti	spagettí
wunderbar	wonnerbar	dásamlegur
Löffel	Läffel	skeið
Spanien	Spuenien	Spánn
Spanisch	Spuenesch	spænska
Spanier	Spuenier	Spánverji
sollen	sollen	skulu
aller	all	allur
Sport	Sport	íþróttir
Sportler	Sportler	íþróttamaður
sportlich	sportlech	íþrótta-
Hose	Box	buxur
Wohnung	Wunneng	heimili
wohnen	wunnen	búa
tun	doen / maachen	gera
scharf	schaarf	skarpur
sitzen	sëtzen	sitja
setzen	setzen	setja

| 日本語 | 英語 | オランダ語 |

―せ―

日本語	英語	オランダ語
姓	surname / last name / family name	achternaam
正確な	exact / accurate	precies
清潔な	clean	schoon
政治家	politician	politicus
成績	result / score	resultaat
生徒	student	leerling
セーター	sweater	trui
世界	world	wereld
石鹸	soap	zeep
説明する	explain	verklaren
背中	back	rug
狭い(空間的)	small	benauwd
狭い(幅)	narrow	nauw
セミナー	seminar	seminarium
線	line	lijn
船	ship	schip
洗濯機	washing machine	wasmachine
洗濯物	laundry / washing	was
センチメートル	centimeter / centimetre	centimeter

ドイツ語	ルクセンブルク語	アイスランド語
Nachname	Familjennumm	ættarnafn / eftirnafn
genau	genee	nákvæmur
sauber	propper	hreinn / hreinlegur
Politiker	Politiker	stjórnmálamaður
Note	Nott	einkunn / met
Schüler	Schüler	nemi / nemandi
Pullover	Plower	peysa
Welt	Welt	heimur
Seife	Seef	sápa
erklären	erklären	skýra
Rücken	Réck	bak
eng	enk	lítill / smár
schmal	schmuel	mjór
Seminar	Seminar	seminar
Linie	Linn	lína
Schiff	Schëff	skip
Waschmaschine	Wäschmaschinn	þvottavél
Wäsche	Wäsch	þvottur
Zentimeter	Zentimeter	sentimetri

日本語	英語	オランダ語
扇風機	electric fan	ventilator
洗面台	washstand	wasbak

―そ―

日本語	英語	オランダ語
草原	grassland	grasvlakte
掃除機	vacuum cleaner	stofzuiger
ソーセージ	sausage	wors
属する	belong	toebehoren
そこで	there	daar
組織化する	organize	organiseren
その	that	de
そばで	by (near)	aan
祖父	grandfather	grootvader
ソファー	sofa	sofa
祖父母	grandparents	Grootouders (pl.)
祖母	grandmother	grootmoeder
それから	then	dan
それは	it	het
尊敬する	respect	respecteren
そんなに	so	zo

ドイツ語	ルクセンブルク語	アイスランド語
Ventilator	Ventilator	vifta
Waschbecken	Lavabo	vaskur / handlaug
Wiese	Wiss	graslendi
Staubsauger	Staubsauger	ryksuga
Wurst	Wurscht	pylsa
gehören	gehéieren	tilheyra
dort	do	þarna / þar
organisieren	organiséieren	skipuleggja
der	den	sá
an	un	hjá
Großvater	Grousspapp	afi
Sofa	Kanapee	sófi
Großeltern (pl.)	Grousselteren (pl.)	amma og afi
Großmutter	Groussmamm	amma
dann	dunn	þá
es	et	það
achten	uechten	virða
so	sou	svo

日本語	英語	オランダ語

—た—

日本語	英語	オランダ語
大学	university	universiteit
たいくつな	boring	vervelend
滞在する	stay	blijven
大好きな〜	favorite / favourite	favoriet
体操	gymnastics	gymnastiek
怠惰な	lazy	lui
大都市	metropolis	wereldstad
太陽	sun	zon
平らな	flat	vlak
ダウンロードする	download	downloaden
タオル	towel	handdoek
高い	high	hoog
高い	expensive	duur
たくさんの	many / much	veel
タクシー	taxi	taxi
だけ	only	alleen
確かな	sure	zeker
助け	help	hulp
助ける	help	helpen
訪ねる	visit	bezoeken
正しい	right	juist

ドイツ語	ルクセンブルク語	アイスランド語
Universität	Universitéit	háskóli
langweilig	langweileg	leiðinlegur
bleiben	bleiwen	dvelja
Lieblings-	Lïblings-	uppáhalds-
Gymnastik	Turnen	fimleikar
faul	faul	latur
Großstadt	Groussstad	stórborg
Sonne	Sonn	sól
flach	flaach	flatur
herunterladen	eroflueden	hlaða niður
Handtuch	Handduch	handklæði
hoch	héich	hár
teuer	deier	dýr
viel	vill	mikill / margur
Taxi	Taxi	leigubíll
nur	nëmmen	bara / aðeins
sicher	sécher	öruggur
Hilfe	Hëllef	hjálp
helfen	hëllefen	hjálpa
besuchen	besichen	heimsækja
richtig	richteg	réttur

日本語	英語	オランダ語
ただちに	immediately	meteen
立ち寄る	stop by	langskomen
達する	reach	bereiken
立っている	stand	staan
建物	building	gebouw
立てる	put / stand	stellen
楽しい	fun	vlolijk
タバコを吸う	smoke	roken
たびたび	often	vaak
ダブル（部屋）	double room	tweepersoonskamer
たぶん	probably	waarschijnlijk
食べる	eat	eten
卵	egg	ei
タマネギ	onion	ui
試す	try	proberen
ために	for	voor
保つ	keep	houden
タルト	tart	taart
誰が	who	wie
誕生日	birthday	verjaardag
タンス	cabinet	kast

ドイツ語	ルクセンブルク語	アイスランド語
gleich	gläich	strax
vorbeikommen	laanschtkommen	koma við
erreichen	erreechen	ná
stehen	stoen	standa
Gebäude	Gebai	bygging
stellen	stellen	setja
lustig	lëschteg	skemmtilegur
rauchen	fëmmen	reykja
häufig	heefeg	oft
Doppelzimmer	Duebelzëmmer	tveggja manna herbergi
wahrscheinlich	wahrscheinlech	líklega
essen	iessen	borða
Ei	Ee	egg
Zwiebel	Ënn	laukur
probieren	probéieren	reyna / prófa
für	fir	fyrir
halten	halen	halda
Torte	Taart	terta
wer	wien	hver
Geburtstag	Gebuertsdag	afmæli
Schrank	Schaf	skápur

日本語	英語	オランダ語
ダンス	dance	dans
暖房	heating	verwarming

― ち ―

日本語	英語	オランダ語
血	blood	bloed
地域	region	gebied
小さい	small / little	klein
チーズ	cheese	kaas
チーム	team	ploeg
チェックする	check	controleren
近い	close	nabij
地階	ground floor	benedenverdieping
地下室	cellar / basement	kelder
地下鉄	subway	metro
地球	earth	aarde
チケット	ticket	kaartje
地図	map	landkaart
父	father	vader
チップ	tip	fooi
知的な	intelligent	intellectueel
茶色の	brown	bruin
着陸する	land	landen
チャットする	chat	chatten

ドイツ語	ルクセンブルク語	アイスランド語
Tanz	Danz	dans
Heizung	Heizung	kynding
Blut	Blutt	blóð
Gegend	Géigend	svæði
klein	kleng	lítill / smár
Käse	Kéis	ostur
Mannschaft	Equipe	lið
ckecken	checken	athuga
nah(e)	no	náinn
Erdgeschoss	Rez-de-chaussée	jarðhæð
Keller	Keller	kjallari
U-Bahn	Metro	jarðlest
Erde	Äerd	jörð
Karte	Kaart	farseðill
Landkarte	Landkaart	landakort
Vater	Papp	faðir
Trinkgeld	Drénkgeld	þjórfé
intelligent	intelligent	greindur
braun	brong	brúnn
landen	landen	lenda
chatten	chatten	spjalla

日本語	英語	オランダ語
注意する	take care	oppassen
中央駅	central station	centraal station
中学校	junior high school	middenschool
中国	China	China
中国語	Chinese	Chinees
中国人	Chinese	Chinees
駐車場	parking lot	parkeerplaats
駐車する	park	parkeren
昼食	lunch	lunch
中心	center	centrum
中心の	central	centraal
中で(へ)	in	in
注文する	order	bestellen
長	chief	chef
朝食	breakfast	ontbijt
朝食を取る	breakfast / have breakfast	ontbijten
ちょうど	just	net
直接的な	direct	direct
チョコレート	chocolate	chocolade

| ドイツ語 | ルクセンブルク語 | アイスランド語 |

aufpassen	oppassen	passa
Hauptbahnhof	Gare Centrale	aðalbrautarstöð
Mittelschule	Mëttelschoul	gagnfræðaskóli
China	China	Kína
Chinesisch	Chinesesch	kínverska
Chinese	Chines	Kínverji
Parkplatz	Parkplaz	bílastæði
parken	parken	leggja
Mittagessen	Mëttegiessen	hádegismatur
Zentrum	Zentrum	miðja
zentral	zentral	miðlægur
in	an	í
bestellen	bestellen	panta
Chef	Chef	höfðingi
Frühstück	(Mueres)kaffi	morgunmatur
frühstücken	Kaffi drénken	borða morgunmat

gerade	just	rétt
direkt	direkt	beinn
Schokolade	Schockela	súkkulaði

| 日本語 | 英語 | オランダ語 |

―つ―

日本語	英語	オランダ語
疲れた・眠い	tired	moe
月	moon	maan
月［時間の単位］	month	maand
次の	next	volgend
机	desk	tafel
作る	make	maken
綴りを言う	spell	spellen
冷たい	cold	koud
詰める	pack	inpakken
つもりだ	will	willen
釣りをする	fish	vissen
連れて行く	take along	meenemen
連れて来る	bring along	meebrengen
強い	strong	sterk

―て―

日本語	英語	オランダ語
手	hand	hand
出会う	meet	ontmoeten
提供する	provide	aanbieden
提示する	present	presenteren
ティーシャツ	T-shirt	T-shirt

| ドイツ語 | ルクセンブルク語 | アイスランド語 |

müde	midd	þreyttur
Mond	Mound	tungl
Monat	Mount	mánuður
nächst	nächst	næstur
Tisch	Dësch	skrifborð
machen	maachen	gera
buchstabieren	buschtawéieren	stafa
kalt	kal	kaldur
packen	paken	pakka
wollen	wëllen	vilja / ætla
angeln	fëschen	fiska
mitnehmen	mathuelen	taka
mitbringen	matbréngen	koma með
stark	staark	sterkur

Hand	Hand	hönd
treffen	treffen	hitta
anbieten	ubidden	útvega
präsentieren	presentéieren	kynna
T-Shirt	T-Shirt	bolur

日本語	英語	オランダ語
ディスコ	disco	discotheek
停留所	stop	halte
データ	data	data
テーマ	thema	thema
手紙	letter	brief
出来上がった	finished	klaar
できる	can	kunnen
デジタルの	digital	digital
テスト	test	test
撤回する	retract	terugtrekken
鉄道	railway	spoorbaan
手に入れる	obtain	krijgen
テニス	tennis	tennis
デパート	department store	warenhuis
ではあるけれども	although / though	hoewel
ではなく	but rather	maar
手袋	gloves	handschoenen (pl.)
寺	temple	temple
テレビ	television	televisie
テレビを見る	watch TV	naar de TV kijken
手渡す	hand	afgeven
天	heaven	hemel
点	point	punt

ドイツ語	ルクセンブルク語	アイスランド語
Diskothek	Discothéik	diskó
Haltestelle	Halt	biðstöð
Datei	Datei	gögn
Thema	Thema	þema
Brief	Bréif	bréf
fertig	fäerdeg	búinn
können	kënnen	geta
digital	digital	stafrænn
Test	Test	próf
zurücknehmen	erëmhuelen	draga til baka
Bahn	Bunn	járnbraut
bekommen	kréien	fá
Tennis	Tennis	tennis
Kaufhaus	grousst Geschäft	vöruhús
obwohl	obwuel	þó / þótt
sondern	ma / mee	heldur
Handschuhe (pl.)	Händschen (pl.)	hanskar
Tempel	Tempel	hof / musteri
Fernseher	Tëlee	sjónvarp
fernsehen	d'Tëlee kucken	horfa á sjónvarpið
abgeben	ofginn	rétta
Himmel	Himmel	himinn
Punkt	Punkt	punktur

日本語	英語	オランダ語
店員	salesclerk	verkoper
天気	weather	weer
電気の	electric	elektrisch
典型的な	typical	typisch
展覧会	exhibition	tentoonstelling
電話	telephone	telefoon
電話番号	telephone number	telefoonnummer
電話をかける	call / telephone	telefoneren

―と―

日本語	英語	オランダ語
と	and	met
度	degree	graad
ドア	door	deur
問い合わせる	inform / inquire	navragen
ということ	that	dat
というのも	because	omdat
ドイツ	Germany	Duitsland
ドイツ語	German	Duits
ドイツ人	German	Duitser
ドイツの	German	Duits
トイレ	toilet	toilet
塔	tower	toren
どうぞ	please	alstublieft

| ドイツ語 | ルクセンブルク語 | アイスランド語 |

ドイツ語	ルクセンブルク語	アイスランド語
Verkäufer	Vendeur	afgreiðslumaður
Wetter	Wieder	veður
elektrisch	elektresch	rafmagns
typisch	typesch	dæmigerður
Ausstellung	Ausstellung	sýning
Telefon	Telefon	sími
Telefonnummer	Telefonsnummer	símanúmer
anrufen	uruffen	hringja
und	an	og
Grad	Grad	gráða
Tür	Dier	dyr
sich informieren	sech informéieren	upplýsa
dass	datt	að
denn	well	af því að
Deutschland	Däitschland	Þýskaland
Deutsch	Däitsch	þýska
Deutsche(r)	Däitschen	Þjóðverji
deutsch	däitsch	þýskur
Toilette	Toilette	klósett
Turm	Tuerm	turn
bitte	wann ech glift	gerðu svo vel

日本語	英語	オランダ語
到着	arrival	aankomst
到着する	arrive	aankomen
とうとう	at last	eindelijk
動物	animal	dier
同僚	colleague	college
登録する	register	inschrijven
討論する	discuss	discussiëren
遠い	far	ver
通り	street	straat
時々	sometimes	soms
時に	when	als
独身の	single	ongehuwd
時計	watch	horloge
どこから	from where/whence	waar vandaan
どこで	where	waar
どこへ	where	waar naartoe
都市	city	stad
として	as	als
図書館	library	bibliothek
閉じられた	closed	gesloten
取って来る・迎えに行く	fetch	afhalen
とても	very	heel

ドイツ語	ルクセンブルク語	アイスランド語
Ankunft	Arrivée	koma
ankommen	ukommen	koma
endlich	endlech	loksins
Tier	Déier	dýr
Kollege	Kolleg	samstarfsmaður
eintragen	enregistréieren	skrá
diskutieren	diskutéieren	ræða
weit	wäit	langur
Straße	Strooss	gata / stræti
manchmal	heiansdo	stundum
wenn	als	þegar
ledig	onbestuet	einhleypur
Uhr	Auer	klukka / úr
woher	vu wou	hvaðan
wo	wou	hvar
wohin	wuer	hvert
Stadt	Stad	borg
als	als	sem
Bibliothek	Bibliothéik	bókasafn
geschlossen	zou	lokaður
abholen	ofhuelen	sækja
sehr	ganz	mjög

日本語	英語	オランダ語
となりに	next to	naast
どの	which	welk
飛ぶ	fly	vliegen
トマト	tomato	tomaat
止める	stop	stoppen
友達	friend	vriend
土曜日	Saturday	zaterdag
ドライヤー	hair drier	föhn
鳥	bird	vogel
取る	take	nemen
トレーニングする	train	trainen
どれくらい	how much	hoeveel
どれくらい（長さ）	how long	hoe lang
どれくらい（頻度）	how many times	hoe vaak
どんな（種類の）	what kind of	wat voor een
どんなふうに	how	hoe

―な―

ない	not	niet
ない	none	geen
ナイフ	knife	mes
直す	repair	repareren
長い	long	lang

ドイツ語	ルクセンブルク語	アイスランド語
neben	niewen(t)	hjá
welcher	wat fir een	hvaða
fliegen	fléien	fljúga
Tomate	Tomat	tómati
stoppen	stoppen	stöðva
Freund	Frënd	vinur / vinkona
Samstag	Samschdeg	laugardagur
Föhn	Föhn	hárblásari
Vogel	Vugel	fugl
nehmen	huelen	taka
trainieren	trainéieren	æfa
wie viel	wéi vill	hve mikið
wie lange	wéi laang	hve lengi
wie oft	wéi dacks	hve oft
was für ein	wat fir een	hvaða
wie	wéi	hvernig
nicht	net	ekki
kein	keen	neinn
Messer	Messer	hnífur
reparieren	reparéieren	gera við
lang	laang	langur

日本語	英語	オランダ語
長靴	boots	laars
投げる	throw	werpen
なしで	without	zonder
なぜ	why	waarom
夏	summer	zomer
何か	something	iets
何が・何を	what	wat
何も〜ない	nothing	niets
名前	name	naam
なめらかな	smooth	glad
鳴る	ring	klinken
何で(理由)	why	hoezo

―に―

似合う	suit	passen
においがする	smell	ruiken
苦い	bitter	bitter
2月	February	februari
肉	meat	vlees
肉屋	butcher	slager
西	west	westen
虹	rainbow	regenboog
西の	western	westelijk

ドイツ語	ルクセンブルク語	アイスランド語
Stiefel	Stiwwel	stígvél
werfen	werfen	kasta
ohne	ouni	án
warum	firwat	af hverju
Sommer	Summer	sumar
etwas	eppes	eitthvað
was	wat	hvað
nichts	näischt	ekkert
Name	Numm	nafn
glatt	glat	sléttur
klingeln	schellen	hringja
wieso	firwat	af hverju
stehen	passen	henta
riechen	richen	þefa
bitter	batter	beiskur
Februar	Februar	febrúar
Fleisch	Fleesch	kjöt
Metzgerei	Metzlerei	kjötbúð
Westen	Westen	vestur
Regenbogen	Reebou	regnbogi
westlich	westlech	vestrænn

日本語	英語	オランダ語
日曜日	Sunday	zondag
について	about	over
似ている	similar / alike	dergelijk
日本	Japan	Japan
日本語	Japanese	Japanse
日本人	Japanese	Japanner
荷物	baggage / luggage	bagage
ニュース	news	nieuws
庭	garden	tuin
人気のある	popular	populair
人形	doll	pop
人間	human	mensheid

—ぬ—

脱ぐ(衣服)	undress	uitdoen

—ね—

ネクタイ	tie	stropdas
猫	cat	kat
値段	price	prijs
熱	fever	koorts
ネックレス	necklace	collier
眠る	sleep	slapen

ドイツ語	ルクセンブルク語	アイスランド語
Sonntag	Sonndeg	sunnudagur
über	iwwer(t)	um
ähnlich	ähnlech	líkur
Japan	Japan	Japan
Japanisch	Japanesch	japanska
Japaner	Japaner	Japani
Gepäck	Gepäck	farangur
Nachricht	Nouvelle	frétt
Garten	Gaart	garður
populär	populär	vinsæll
Puppe	Popp	brúða
Mensch	Mënsch	manneskja
sich ausziehen	sech ausdoen	afklæða
Krawatte	Krawatt	bindi
Katze	Kaz	köttur
Preis	Präis	verð
Fieber	Féiwer	hiti
Halskette	Collier	hálsfesti
schlafen	schlofen	sofa

日本語	英語	オランダ語
年	year	jaar
年齢	age	leeftijd

―の―

日本語	英語	オランダ語
の	of	van
ノート	note	notitieboekje
残った	remaining	overig
望む	hope	hopen
ノックする	knock	kloppen
ので	because	omdat
飲み物	drink	drank
飲み屋	bar	kroeg
飲む	drink	drinken
乗り遅れる	miss	missen
乗り換える	transfer / change	overstappen
乗る	ride	rijden

―は―

日本語	英語	オランダ語
歯	teeth	tand
パーティ	party	feestje
灰色の	grey	grijs
バイオリン	violin	viool
歯医者	dentist	tandarts

ドイツ語	ルクセンブルク語	アイスランド語
Jahr	Joer	ár
Alter	Alter	aldur
von	vun	af
Heft	Heft	stílabók
übrig	iwwereg	afgangs
hoffen	hoffen	vona
klopfen	klappen	slá
weil	well	af því að
Getränk	Gedrénks	drykkur
Kneipe	Lokal	knæpa
trinken	drénken	drekka
verpassen	verpassen	missa af
umsteigen	ëmsteigen	skipta
einsteigen	eraklammen	ríða
Zahn	Zant	tönn
Party	Party	partí
grau	gro	grár
Geige	Gei	fiðla
Zahnarzt	Zänndokter	tannlæknir

日本語	英語	オランダ語
配達する	deliver	bezorgen
俳優	actor / actress	acteur
葉書	postcard	briefkaart
馬鹿な	stupid	dom
量る(重さ)	weigh	wegen
白色の	white	wit
博物館	museum	museum
運ぶ・着ている	carry / wear	dragen
はさみ	scissors	schaar
橋	bridge	burg
箸	chopsticks	eetstokje
初めに	first	eerst
始める	begin / start	beginnen
場所	place	plaats
バス	bus	bus
パスポート	passport	paspoort
バター	butter	boter
働く	work	werken
8月	August	augustus
発音	pronunciation	uitspraak
派手な	colourful	opzichtig
花	flower	bloem
鼻	nose	neus

ドイツ語	ルクセンブルク語	アイスランド語
liefern	liwweren	afhenda
Schauspieler	Schauspiller	leikari
Postkarte	Postkaart	póstkort
dumm	domm	heimskur
wiegen	wéien	vega
weiß	wäiss	hvítur
Museum	Musée	safn
tragen	droen	bera / klæða
Schere	Schéier	skæri
Brücke	Bréck	brú
Essstäbchen	Baguette	matprjónar
erst	éischt	fyrst
beginnen	ufänken	byrja / hefja
Ort	Uert	staður
Bus	Bus	strætó
Reisepass	Reesspass	vegabréf
Butter	Botter	smjör
arbeiten	schaffen	vinna
August	August	ágúst
Aussprache	Aussprooch	framburður
auffällig	faarweg	litrikur
Blume	Blumm	blóm
Nase	Nues	nef

日本語	英語	オランダ語
話す	speak	spreken
バナナ	banana	banana
花屋	flowershop	bloemenwinkel
離れた	remote	afgelegen
母	mother	moeder
歯ブラシ	toothbrush	tandenborstel
浜辺	beach	strand
歯磨き粉	toothpaste	tandpasta
ハム	ham	ham
早い	early	vroeg
速い	fast	snel
腹	belly	buik
払う	pay	betalen
春	spring	lente
バルコン	balcony	balkon
パン	bread	brood
ハンカチ	handkerchief	zakdoek
番号	number	nummer
番線	track	spoor
反対で	against	tegen
ハンドバック	handbag	handtas
パンフレット	pamphlet	brochure

ドイツ語	ルクセンブルク語	アイスランド語
sprechen	schwätzen	tala
Banane	Banann	banani
Blumengeschäft	Blummebuttek	blómabúð
entfernt	wäit(leefeg)	fjarlægur
Mutter	Mamm	móðir
Zahnbürste	Zännbiischt	tannbursti
Strand	Plage	fjara
Zahnpaste	Zännseef	tannkrem
Schinken	Ham	svínslæri
früh	fréi	snemma
schnell	séier	hraður
Bauch	Bauch	magi
zahlen	bezuelen	borga
Frühling	Fréijoer	vor
Balkon	Balkon	svalir
Brot	Brout	brauð
Taschentuch	Nuesschnappech	vasaklútur
Nummer	Nummer	númer
Gleis	Gleis	spor
gegen	géint	á móti
Handtasche	Posch	kvenveski
Prospekt	Broschür	bæklingur

日本語	英語	オランダ語
半分の	half	half
パン屋	backery	bakker

― ひ ―

日本語	英語	オランダ語
火	fire	vuur
日	day	dag
ピアノ	piano	piano
ビール	beer	bier
東	east	oosten
東の	eastern	oostelijk
引く	pull	trekken
低い	low	laag
ひげ剃り	shaver	scheerapparaat
飛行	flight	vlucht
飛行機	airplane	vliegtuig
ひざ	knee	knie
ビザ	visa	visum
ピザ	pizza	pizza
肘掛椅子	armchair	zetel
左に	to the left	links
筆記の	writing	schriftelijk
引っ越す	move	verhuizen
必要とする	require	nodig hebben

| ドイツ語 | ルクセンブルク語 | アイスランド語 |

| halb | hallef | hálfur |
| Bäckerei | Bäckerei | bakarí |

Feuer	Feier	eldur
Tag	Dag	dagur
Klavier	Piano	píanó
Bier	Béier	bjór
Osten	Osten	austur
östlich	ëstlech	austrænn
ziehen	zéien	draga
niedrig	niddereg	lágur
Rasierapparat	Raséierapparat	rakvél
Flug	Fluch	flug
Flugzeug	Fliger	flugvél
Knie	Knéi	hné
Visum	Visa	vegabréfsáritun
Pizza	Pizza	pítsa
Sessel	Fotell	hægindastóll
links	lénks	til vinstri
schriftlich	schrëftlech	skriflegur
umziehen	plënneren	flytja
brauchen	brauchen	þurfa

日本語	英語	オランダ語
ビデオ	video	video
ひどい	terrible	vreselijk
人は	one	men
人々	people	mensen
独りの	alone	alleen
百万	million	miljoen
秒	second	seconde
病院	hospital	ziekenhuis
病気の	sick	ziek
ひょっとすると	maybe / perhaps	misschien
開いている	open	open
開く	open	openen
広い(幅)	wide / broad	wijd
広場	square	plein
瓶	bottle	fles

―ふ―

日本語	英語	オランダ語
ファーストネーム	first name	voornaam
ファミリーネーム	family name	familienaam
不安	anxiety	ongerustheid
プール	pool	zwembad
フォーク	fork	vork
深い	deep	diep

| ドイツ語 | ルクセンブルク語 | アイスランド語 |

Video	Video	myndband
schrecklich	schrecklech	hræðilegur
man	een	maður
Leute (pl.)	Leit	fólk
allein	eleng	einn
Million	Millioun	milljón
Sekunde	Sekonn	sekúnda
Krankenhaus	Spidol	spítali
krank	krank	veikur
vielleicht	vläicht	kannski
geöffnet	oppen	opinn
öffnen	opmaachen	opna
breit	breet	breiður
Platz	Plaz	torg
Flasche	Fläsch	flaska

Vorname	Virnumm	fornafn
Familienname	Familljennumm	ættarnafn
Angst	Angscht	kvíði
Schwimmbad	Piscine	sundlaug
Gabel	Forschett	gaffall
tief	déif	djúpur

日本語	英語	オランダ語
不可能な	impossible	onmogelijk
付近	neighborhood	buurt
袋	bag	zak
婦人	lady	dame
再び	again	weer
復活祭	Easter	Pasen
筆箱	pencil case	pennendoos
太った	fat	dik
船	ship	schip
踏む	tread on	treden
冬	winter	winter
フライドポテト	Frech fries	patates frites (pl.)
ブラウス	blouse	blouse
ブラシ	brush	borstel
フランス	France	Frankrijk
フランス語	French	Frans
フランス人	French	Fransman
プリンター	printer	printer
古い・年をとった	old	oud
フルート	flute	fluit
プレゼント	present	cadeau
風呂	bath	bad
風呂に入る	take a bath	baden

ドイツ語	ルクセンブルク語	アイスランド語
unmöglich	onméiglech	ómögulegur
Nähe	nobäi	nágrenni
Tüte	Tut	poki
Dame	Damm	dama
wieder	erëm	aftur
Ostern	Ouschteren	Páskar
Federmäppchen	Schachtel	pennaveski
dick	déck	feitur
Schiff	Schëff	skip
treten	trieden	troða
Winter	Wanter	vetur
Pommes [frites] (pl.)	Fritten (pl.)	franskar kartöflur
Bluse	Blus	blússa
Bürste	Biischt	bursti
Frankreich	Frankräich	Frakkland
Französisch	Franséisch	franska
Franzose	Fransous	Frakki
Drucker	Drécker	prentari
alt	al	gamall
Flöte	Flütt	flauta
Geschenk	Cadeau	gjöf
Bad	Bad	bað
baden	bueden	baða

日本語	英語	オランダ語
ブロンドの	blond	Blond
分	minute	minuut
雰囲気	atmosphere	atmosfeer
文化	culture	cultuur
文学	literature	literatuur
文法	grammar	grammatica

―へ―

日本語	英語	オランダ語
へ	to	naar
ページ	page	pagina
ベッド	bed	bed
ペット	pet	huisdier
部屋	room	kamer
ペン	pen	pen
返却する	return	teruggeven
勉強(大学での)	study	studie
勉強する	study	studeren
変な	funny	komisch

―ほ―

日本語	英語	オランダ語
報告	report	rapport
帽子	hat	hoed
方へ	to / toward	naar

| ドイツ語 | ルクセンブルク語 | アイスランド語 |

blond	blond	ljóshærður
Minute	Minutt	mínúta
Atmosphäre	Ambiance	andrúmsloft
Kultur	Kultur	menning
Literatur	Literatur	bókmenntir
Grammatik	Grammaire	málfræði

zu	op	til
Seite	Säit	síða
Bett	Bett	rúm
Haustier	Hausdéier	gæludýr
Zimmer	Zëmmer	herbergi
Stift	Stëft	penni
zurückgeben	rëmginn	skila
Studium	Studium	háskólanám
studieren	studéieren	nema
komisch	gelungen	fyndinn

Referat	Referat	skýrsla
Hut	Hutt	hattur
nach	op	til

日本語	英語	オランダ語
訪問(客)	visit, visitor	bezoek
ボールペン	ballpoint pen	balpen
他の	other	ander
歩行者	pedestrian	voetganger
星	star	ster
ボタン	button	knoop
ポット	pot	pot
ホテル	hotel	hotel
本	book	boek
本棚	bookshelf	boekenkast
本当の	true	waar
翻訳する	translate	vertalen

―ま―

前で(へ)	ahead / forward	voor
曲げる	bend	buigen
孫	grandchild	kleinkind
貧しい	poor	arm
また	also	ook
まだ	still	nog
間違いの	wrong	fout
待つ	wait	wachten
まっすぐに	straight	rechtdoor

ドイツ語	ルクセンブルク語	アイスランド語
Besuch	Besich	heimsókn, gestur
Kugelschreiber	Bic	kúlupenni
ander	aner	annar
Fußgänger	Foussgänger	fótgangandi maður
Stern	Stär	stjarna
Knopf	Knapp	hnappur
Kanne	Kan	kanna
Hotel	Hotel	hótel
Buch	Buch	bók
Regal	Bicherbriet	hilla
wahr	wouer	sannur
übersetzen	iwwersetzen	þýða
vor	virun	farmmi / fyrir / fram
abbiegen	ofbéien	beygja
Enkel	Enkel	barnabarn
arm	aarm	fátækur
auch	och	líka
noch	nach	ennþá
falsch	falsch	rangur
warten	waarden	bíða
geradeaus	riichtaus	beint

日本語	英語	オランダ語
全く	quite	geheel
祭り	festival	feest
まで	by / till	tot
窓	window	raam
学ぶ	learn	leren
まもなく	soon	gauw
丸い	round	rond
周りで	around	om
真ん中	middle	midden

—み—

日本語	英語	オランダ語
見える	look	lijken
磨く	brush / polish	poetsen
右に	right	rechts
短い	short	kort
水	water	water
湖	lake	meer
水着	swimsuit	zwempak
店	shop / store	winkel
見つける	find	vinden
緑色の	green	groen
港	harbor / port	haven
南	south	zuiden

ドイツ語	ルクセンブルク語	アイスランド語
ganz	ganz	alveg
Fest	Fest	hátíð
bis	bis	til
Fenster	Fënster	gluggi
lernen	léieren	læra
bald	geschwënn	bráðum
rund	ronn	hringlaga
um	um	kringum
Mitte	Mëtt	miðja
aussehen	ausgesinn	sjá
putzen	botzen	bursta / fága
rechts	riets	hægri
kurz	kuerz	stuttur
Wasser	Waasser	vatn
See	Séi	stöðuvatn
Badeanzug	Buedkostüm	sundbolur
Geschäft	Buttek	búð
finden	fannen	finna
grün	gréng	grænn
Hafen	Hafen	höfn
Süden	Süden	suður

日本語	英語	オランダ語
南の	southern	zuidelijk
耳	ear	oor
未来	future	toekomst
見る	see	zien
ミルク	milk	melk

―む―

むしろ	rather	liever
息子	son	zoon
娘	daughter	dochter
胸	breast	borst
村	village	dorp

―め―

目	eye	oog
姪	niece	hicht
名所旧跡	sightseeing spots	bezienswaardigheden (pl.)
名である	be called	heten
明白な	obvious	duidelijk
メートル	meter	meter
メール	e-mail	e-mail
目が覚めている	awake	wakker

ドイツ語	ルクセンブルク語	アイスランド語
südlich	südlech	suðlægur
Ohr	Ouer	eyra
Zukunft	Zukunft	framtíð
sehen	gesinn	sjá
Milch	Mëllech	mjólk
lieber	léiwer	fremur
Sohn	Jong	sonur
Tochter	Duechter	dóttir
Brust	Broscht	brjóst
Dorf	Duerf	þorp
Auge	A	auga
Nichte	Niess	frænka
Sehenswürdigkeit (pl.)	Sehenswürdegkeeten (pl.)	merkisstaður
heißen	heeschen	heita
deutlich	däitlech	skýr
Meter	Meter	metri
E-Mail	E-Mail	tölvupóstur
wach	waakreg	vakandi

日本語	英語	オランダ語
メガネ	glasses	bril
目覚まし時計	alarm clock	wekker
めったにない	seldom / rarely	zelden
メディア	mass media	medium
メニュー	menu	menu
面倒を見る	look after / take care of	verzorgen
麺類	noodle	pasta

― も ―

日本語	英語	オランダ語
申し込む	register	aanvragen
木曜日	Thursday	donderdag
もし〜ならば	if	als
モダンな	modern	modern
もちろん	of course	natuurlijk
持っている	have	hebben
戻って来る	return	terugkomen
もとで	at	bij
催す	organize	organiseren
森	forest	bos
門	gate	poort
問題	problem	probleem

ドイツ語	ルクセンブルク語	アイスランド語
Brille	Brëll	gleraugu
Wecker	Wecker	vekjaraklukka
selten	seelen	sjaldan
Medium	Medium	fjömiðill
Speisekarte	Menü(skaart)	matseðill
sich kümmern	sech këmmeren	sinna
Nudel	Nuddel	núðlur
sich anmelden	umellen	skrá
Donnerstag	Donneschdeg	fimmtudagur
wenn	wann	ef
modern	modern	nýtískulegur
natürlich	natierlech	auðvitað
haben	hunn	eiga
zurückkommen	rëmkommen	koma aftur
bei	bei	á / í
veranstalten	veranstalten	skipuleggja
Wald	Bësch	skógur
Tor	Paart	hlið
Problem	Problem	vandi

日本語	英語	オランダ語

―や―

野球	baseball	honkbal
焼く	bake	bakken
約	about	ongeveer
役に立つ	useful	nuttig
野菜	vegetable	groente
安い	cheap	goedkoop
やせている	thin	slank
屋台	stall	kraam
家賃	house rent	huishuur
薬局	drugstore / pharmacy	apotheek
破る	break	breken
山	mountain	berg
やわらかい	soft	zacht

―ゆ―

夕方	evening	avond
優雅な	elegant	elegant
友好的な	friendly	vriendelijk
有効な	valid	geldig
夕食	dinner	avondeten

ドイツ語	ルクセンブルク語	アイスランド語
Baseball	Baseball	hafnabolti
backen	baken	baka
etwa	ongeféier	svona
nützlich	nëtzlech	gagnlegur
Gemüse	Geméis	grænmeti
billig	bëlleg	ódýr
schlank	schlank	grannur
Imbiss	Frittebud	bás
Miete	Loyer	húsaleiga
Apotheke	Apdikt	apótek
brechen	briechen	brjóta
Berg	Bierg	fjall
weich	mëll	mjúkur
Abend	Owend	kvöld
elegant	elegant	glæsilegur
freundlich	frëndlech	vingjarnlegur
gültig	gëlteg	gildur
Abendessen	Owendiessen	kvöldmatur

日本語	英語	オランダ語
郵便	post	post
郵便番号	postalcode / postcode	postcode
有名な	famous	beroemd
ユーロ	euro	euro
愉快な	cheerful / happy	vrolijk
雪	snow	sneeuw
雪が降る	snow	sneeuwen
ゆっくりとした	slow	langzaam
指	finger	vinger
指輪	ring	ring
夢	dream	droom

—よ—

日本語	英語	オランダ語
よい	good	goed
ヨーロッパ	Europe	Europa
ヨーロッパの	European	Europees
横たわっている	lie	liggen
よその	foreign	vreemd
予定する	intend	plannen
読む	read	lezen
予約する	reserve	reserveren
より(比較)	than	dan
よりよい	better	beter

| ドイツ語 | ルクセンブルク語 | アイスランド語 |

Post	Post	póstur
Postleitzahl	Postleitzuel	póstnúmer
berühmt	berühmt	frægur
Euro	Euro	evra
fröhlich	lëschteg	glaður
Schnee	Schnéi	snjó
schneien	schneien	snjóa
langsam	lues	hægur
Finger	Fanger	fingur
Ring	Rank	hringur
Traum	Dram	draumur

gut	gutt	góður
Europa	Europa	Evrópa
europäisch	europäesch	evrópskur
liegen	leien	liggja
fremd	friem	erlendur
vorhaben	plangen	ætla
lesen	liesen	lesa
reservieren	reservéieren	taka frá / panta
als	wéi	en
besser	besser	betri

日本語	英語	オランダ語
夜	night	nacht
喜ぶ	rejoice	verheugd zijn
弱い	weak	zwak
4分の1	quarter	kwart

―ら―

ライター	lighter	aansteker
ラジオ	radio	radio
ランプ	lamp	lamp

―り―

理解する	understand	verstaan
離婚した	divorced	gescheiden
リットル	liter	liter
りっぱな	superb	prachtig
リビング	living room	woonkamer
両親	parents	ouders (pl.)
利用する	use	gebruiken
料理する	cock	koken
旅行	travel	reis
旅行者	tourist	reiziger
旅行する	travel	reizen
旅行代理店	travel agent	reisbureau

| ドイツ語 | ルクセンブルク語 | アイスランド語 |

Nacht	Nuecht	nótt
sich freuen	sech freeën	fagna
schwach	schwaach	veikur
Viertel	Véierel	fjórðungur

Feuerzeug	Briquet	kveikjari
Radio	Radio	útvarp
Lampe	Lut	lampi

verstehen	verstoen	skilja
geschieden	gescheet	fráskilinn
Liter	Liter	lítri
herrlich	herrlech	frábær
Wohnzimmer	Living	stofa
Eltern (pl.)	Elteren (pl.)	foreldrar
benutzen	benotzen	nota
kochen	kachen	elda
Reise	Rees	ferð
Tourist	Tourist	ferðamaður
reisen	reesen	ferðast
Reisebüro	Reesbüro	ferðaskrifstofa

日本語	英語	オランダ語
りんご	apple	appel
隣人	neighbor	buurman

—る—

ルール	rule	regel

—れ—

例	example	voorbeeld
冷蔵庫	refrigerator	koelkast
歴史	history	geschiedenis
レジ	cash register / cashier	kassa
レストラン	restaurant	restaurant
列車	train	trein
レモン	lemon	citroen
練習	practice	oefening
練習する	practice	oefenen

—ろ—

6月	June	juni
ロシア	Russia	Rusland
ロシア語	Russian	Russisch

ドイツ語	ルクセンブルク語	アイスランド語
Apfel	Apel	epli
Nachbar	Noper	nágranni
Regel	Regel	regla
Beispiel	Beispill	dæmi
Kühlschrank	Frigo	kæliskápur
Geschichte	Geschicht	saga
Kasse	Keess	gjaldkeri
Restaurant	Restaurant	veitingastaður
Zug	Zuch	lest
Zitrone	Zitroun	sítróna
Übung	Übung	æfing
üben	üben	æfa
Juni	Juni	júní
Russland	Russland	Rússland
Russisch	Russesch	rússneska

日本語	英語	オランダ語
ロシア人	Russian	Rus
ロマンチックな	romantic	romantisch

―わ―

ワイン	wine	wijn
若い	young	jong
別れる	part from	afscheid nemen
分ける	share / divide	verdelen
忘れる	forget	vergeten
私たちの	our	ons
私たちは	we	wij
私たちを・私たちに	us	ons
私に	me	me
私の	my	mijn
私は	I	ik
私を	me	me
笑う	laugh	lachen
悪い	bad	slecht
ワンピース	dress	jurk

ドイツ語	ルクセンブルク語	アイスランド語
Russe	Russ	Rússi
romantisch	romantesch	rómantískur |//

ドイツ語	ルクセンブルク語	アイスランド語
Wein	Wäin	vín
jung	jonk	ungur
sich verabschieden	sech trennen	kveðja
teilen	deelen	deila
vergessen	vergiessen	gleyma
unser	eis	okkar
wir	mir / mer	við
uns	eis	okkur
mir	mir / mer	mér
mein	mäin	minn
ich	ech	ég
mich	mech	mig
lachen	laachen	hlæja
schlecht	schlecht	vondur
Kleid	Kleed	kjóll

解説コラム

北欧語(1)

　北欧諸国で話されているデンマーク語・スウェーデン語・ノルウェー語・アイスランド語は，インド・ヨーロッパ語族(印欧語族)ゲルマン語派の北ゲルマン語に分類され，歴史的に同じ祖先(祖語)を持つとされている(フィンランド語は全く別のウラル語族に属する)。その中でもアイスランド語は，古い北ゲルマン語の特徴を現在も保持している。例えば名詞における文法性は男性，女性，中性の3つがあり，さらに文中の名詞の役割を示す格は主格，対格，与格，属格の4つの形式がある。したがって，名詞を修飾する形容詞は文法性や格，加えて名詞の単数・複数に従って変化するため，1つの形容詞は単純計算で24の形に変化することになる(実際は一部同じ形式が現れるため24になることはない)。一方デンマーク語，スウェーデン語，ノルウェー語における文法性は，共性(両性)と中性の2つがあり，格は唯一属格を区別している。

	アイスランド語	ノルウェー語	デンマーク語	スウェーデン語	フィンランド語	英語
北	norður	nord	nord	nord	pohjoinen	north
ヨーロッパ	Evrópa	Europa	Europa	Europa	Eurooppa	Europe
言語	mál	språk	sprog	språk	kieli	language

M.O'C.ウォルシュ(藪下耕一訳)『北欧語入門』北海道大学図書刊行会(1990)，岡沢憲芙・村井誠人(編著)『北欧世界のことばと文化』成文堂(2007)，http://islex.lexis.hi.is/islex/

北欧語 (2)

　北欧もしくは北ヨーロッパと言われると，スウェーデン，デンマーク，ノルウェー，フィンランドの4カ国を指すことが多いだろう。たびたびアイスランドが忘れられるが，アイスランドも北欧に含められる。その中でもフィンランドでは，そこに住む人々は他の北欧諸国の人たちと同じような目の色や髪の色をしているけれども，言語の面から見るとフィンランド語は，他の北欧諸国の言語とだいぶ異なる特徴を示す。それは，フィンランド語はもともと全く別の語族に含まれる言語だからである。フィンランド語は，自国ではSuomi（スオミ）と呼ばれ，ウラル語族フィン・ウゴル語派に属する言語である。他のヨーロッパの国で話されているエストニア語やハンガリー語，また北極圏の遊牧民で有名なサーミ人の言語もフィンランド語と同じ語族に入る。基本的な語彙の対応からも，フィンランド語と他の北欧諸国の言語の違いが伺えるだろう。

	アイスランド語	ノルウェー語	デンマーク語	スウェーデン語	フィンランド語	英語
家族	fjölskylda	familie	familie	familj	perhe	family
学校	skóli	skole	skole	skola	koulu	school
愛する	elska	elske	elske	älska	rakastaa	love
青い	blár	blå	blå	blå	sininen	blue

佐久間淳一『フィンランド語のすすめ初級編』研究社 (2004)．http://islex.lexis.hi.is/islex/

北欧語(3)

　日本や他の国から見ると奇異なようにみられるが，実はアイスランド人には姓がない。例えば，世界的に有名なアイスランド人の歌手であるビョークの本名は，Björk Guðmundsdóttir(ビョーク・グズムンズドッティル)である。こうしてみると姓と名がきちんとあるように見える。確かに前半のBjörkは名であり，日本でいう花子や太郎にあたる。では，後半のGuðmundsdóttirはいわゆる姓ではなく，父親の名前の後に「娘」という語がついた構成となっている。つまり，「誰々の娘」ということを表しており，ビョークの場合，グズムンドさんの娘(Guðmund + dóttir)ということになる。グズムンドさんに息子がいれば，Guðmundsson(グズムンドソン)となる。このように，アイスランド人の名前を見ると誰が父親であるかが直ぐにわかる。ちなみに結婚しても名前は変わらない。また，よくあることだが，外国人の名前を見て女性か男性かの判断が難しいことがある。アイスランド人の場合は，dóttirが付いていれば女性，sonが付いていれば男性であると判断できるのである。

	アイスランド語	ノルウェー語	デンマーク語	スウェーデン語	フィンランド語	英語
娘	dóttir	datter	datter	dotter	tytär	daughter
息子	sonur	sønn	søn	son	poika	son

---

http://islex.lexis.hi.is/islex/

北欧語(4)

　北欧諸語の1つであるノルウェー語は，実は2種類あることがあまり知られていない。これはノルウェーが歩んできた歴史や，フィヨルドに代表される地理的な条件が多様な方言を生み出してきたことが深く関係している。1つは，ブークモール(bokmål「文書・本」(bok)の言葉(mål))と呼ばれるものであり，歴史上長らくデンマークに支配されてきたことからデンマーク語の影響を強く受けた言語である。もう1つは，ニーノシュク(nynorsk「新しい」(ny)ノルウェー語(norsk)と呼ばれるものであり，ノルウェー各地の方言と古いノルウェー語にもとづく言語である。これらは公的に認められるが，話者数に大きな格差がある。首都オスロを中心とした南東部地域ではブークモールが話されており，全体の約83％を占めている。一方，西部沿岸などの地域を中心にニーノシュクが話されており，全体の17％にとどまっている。ちなみに外国人が学ぶのはブークモールである。

	アイスランド語	ノルウェー語(ブークモール)	ノルウェー語(ニーノシュク)	デンマーク語	スウェーデン語	フィンランド語
私は	ég	jeg	eg	jeg	jag	minä
勉強する	nema	studere	studera	studere	studera	opiskella
文学	bókmenntir	litteratur	litteratur	litteratur	litteratur	kirjallisuus

清水誠『ゲルマン語入門』三省堂(2012)，http://islex.lexis.hi.is/islex/

ゴート人

　かつて民族大移動期に，1王国を築いていた西ゴート人が残した，まとまった文献がゲルマン語の最古のテキストである。こうした文化的な活動と並行して私たちに伝わっているのは，ゴート人が武力をもってローマ帝国に侵入した最初の民族であるということである。紀元後376年，彼らはフン族から逃れてドナウ川を渡った。当初，ゴート人はローマ帝国の東方のみを脅かしていたのであるが，401年，ゴート人の軍がバルカン半島を離れイタリア北部へ侵入した時，被害を受けることになったのはローマ帝国の西方であった。これ以降，ゲルマン人はローマ帝国の内側に軍をおくことになり，徐々に権力・領土を獲得していった（例えばヴァンダル人は，429年，ジブラルタル海峡を渡り，439年までにはローマ支配下のアフリカの中心都市カルタゴを占領した）。片や，ビザンツ帝国の皇帝ユスティニアヌス1世は530年代，ゲルマン人の支配下にあるローマ帝国西方に介入できるほどの力をもっていた。533年，アフリカのヴァンダル王国を占領し，535年にはイタリアの東ゴート王国を征服すべく戦いを開始した。ビザンツ帝国が最終的に終焉を迎えるのは1453年，その首都であり最後の砦であったコンスタンティノープルがメフメト2世の率いるトルコ軍の手に落ちた時である。

ウォード・パーキンズ，B.／南雲泰輔 訳（2014：20-22）『ローマ帝国の崩壊』（白水社）

ゴート語

　ゲルマン語の中で最古のまとまったテキストは，ゴート語の聖書（ウプサラ大学図書館所蔵）である。これは，4世紀の西ゴート人ウルフィラ Wulfila による聖書のゴート語訳で，紫色の羊皮紙に金・銀色の文字で記されているため，銀文字手写本（Codex argenteus）と呼ばれている。ギリシア語大文字アンシアル字体（大形で丸みを帯びた文字）と，いくつかのラテン文字・ゴート文字が用いられている。一般にヨーロッパの文献に関する古い史料というと主に聖書関係のテクストに頼ることになる。ゲルマン語系の諸言語についてもやはり聖書の断片がその言語の最古のまとまった文献であるというケースが多い。ここでは，ゴート語の原典を「新約聖書」のマタイ伝（5：17）を例に見てみよう。

マタイ5：17「わたしが来たのは律法や預言者を廃止するためだ，と思ってはならない。廃止するためではなく，完成するためである」

ni	hugjaiþ	ei	qemjau	gatairan	witoþ	aiþþau
否定辞	「思う」2人称	接続詞	「来る」1人称	「破壊する」	「戒律」中性	接続詞
(not)	複数 希求法現在	(that)	単数 希求法現在	不定詞	単数対格	(or)

praufetuns;	ni	qam	gatairan,	ak	usfulljan.
「預言者」男性	否定辞	「来る」1人称	「破壊する」	接続詞	「満たす」
複数対格	(not)	単数 直説法過去	不定詞	(but)	不定詞

ルーン文字(1)

　西ゴート人の僧侶ウルフィラがギリシア語「聖書」をゴート語に翻訳した際，用いた文字は何であったのであろうか。この折，ウルフィラがギリシア語（と部分的にルーン文字）をもとにして生み出したアルファベットが，27文字からなるゴート文字である。このうち20文字はギリシア文字から，5文字はラテン文字から，2文字はルーン文字から取り入れたと言われている（具体的には，（J；ラテン文字のG・(U)の2文字がルーン文字である）。キリスト教徒にとって神聖な古典語として認識されていたギリシア語・ラテン語から，それぞれの文字が取り入れられていることは自然なことのように思えるが，2文字だけとはいえ，ウルフィラがルーン文字を取り入れているのは興味深い問題である。ルーン文字には何かしら呪術的な秘密というニュアンスが内包されているように感じられ，この文字で書かれたテキストは古代ゲルマンの息吹を感じさせるものである。あるいは，ウルフィラのような中世の教養人もそのことを感じていたのかもしれない。このような想像は厳密な科学的アプローチとは異なるが，史料が限られる中世初期のテキストに臨む際は，人間のもつ感性的判断も考慮するべき一要素であることも留意すべきである。

ルーン文字(2)

　ルーン文字の初期の銘文は，沼や湖への奉納品あるいは副葬品な

ど，非日常的なものに限られていた。それが時代を経るにしたがい，日常的・実用的な文字使用例が増えていったと考えられている。例えば，ゲルマン人のローマ帝国との接触が増えるにつれ，ローマ人がローマ帝国から離れた場所でもゲルマン人と交易も頻繁になり，ローマからの輸入品が増加した時代ではあった。ローマもしくはギリシアと密接にコンタクトをもったゲルマンの商人・傭兵たちは社会的にはいわばエリート層で，おそらくはバイリンガルの状態で両方の言語に長け，例えばラテン語を使う時にはラテン文字で書き，ゲルマン語を使う時はルーン文字を用いていたという状況にあった(谷口『ルーン文字研究序説』広島大学文学部紀要(特別号1)(1971：11)：「8世紀以前を概観して注意をひくのは石碑以外のほとんどのものが高価な品である点で，それはルーンの担い手が上層階級に限られていたことを語っている」)。ただ利便性だけを言うなら，ラテン文字を用いればよかったのかもしれない。彼らはラテン文字を十分に習得し，その知識をもっていたであろうからである。こういう文化状況の中で，それでも自民族のために新しい文字体系を創ろうとする傾向は自然なものであると言える。文字の使用は知的な営みであるが，ある種の文化的普遍性(例：商業的記録などが必要な交易の拡大期)のある時代，自らの文化的アイデンティティーの確立に向けて，他文化を吸収し，模倣段階を経ながら自らの文字体系をもちたいと思う心情はよく理解できる。

　今日，私たちは，ルーン文字と言えば「ヴァイキングが用いた文字」というイメージをもっている(古ノルド語の表記はルーン文字が使われ，それゆえ2世紀〜11世紀にかけて多くのルーン文字の石

碑が残されている)。確かに,現存する銘文の多くはヴァイキングが活躍した中世の時代のものであるが,文字そのものの歴史は中世よりもはるか以前,ローマ帝国の時代にまで遡る。考古学の裏付けもあり,現在わかっている最古のルーン文字は紀元後2世紀のものであると言われている。ゲルマン人がキリスト教化されて(紀元後2世紀頃にライン川・モーゼル川流域に住んでいたキリスト者はいずれもローマ人であった。ゲルマン人のキリスト教への改宗は,498年のクリスマスにフランク王国の創設者クローヴィスが受洗することに始まる。),教会が彼らにローマの学問をもたらすまで,彼らは読み書きができない非識字の状態であったというのは,実際には事実に近いかもしれないが,それにしてもこの描写は事実をやや単純化しすぎていると指摘せざるを得ない。少なくともゲルマン人の一部は,ルーンと呼ばれる彼ら自身の文字体系をもっていたからである。この文字の系譜については種々の議論があるが,一般的に,アルファベット体系の1変種であることは間違いない(ページ(1996)『ルーン文字』菅原邦城 訳,學藝書林)。通常ルーン文字は(ゲルマン人側から見て)南方系の影響を受けたとされる。

ルーン文字(3)

ローマの文化とは深い森を隔て,北方の地に住んでいたゲルマン人── 一般的には今もどうしてもこのようなイメージが先行するが,史実は異なる(北欧へのキリスト教の伝播は11-12世紀に早いペースで進んだ。11世紀頃のものと思われる,北欧の本来的な自

然信仰の墓地と並んで，キリスト教の墓地の跡が発掘されている。この頃が，昔からの信仰とキリスト教の共存した時代なのだろう）。ゲルマン民族のうち，いくつかの部族はヨーロッパ北方から黒海沿岸に移り住んでおり，大西洋から黒海までの広い範囲でローマ帝国と国境を接していた。つまり，ゲルマン人は実はかなり古くからすでにローマ文化圏に隣接しており，恒常的にローマ人と盛んな交易があったことは事実であろう。「ヨーロッパ北方の未開の蛮族の文字」・「バイキングの文字」という一般的なイメージと異なり，このようにルーン文字は先進文化圏であったローマと交流をもっていたゲルマン人の間で使用されていたのである。「歴史と地理的広がりをもつ文字」というのが実はルーン文字の史的特徴なのである。

　古くスカンディナヴィアにラテン文字がもたらされる前にある程度の広域で使用されていたルーン文字，この文字の起源について研究の現状はなお「ルーン文字創造の場所，母体，時代などを問うての，ルーン文字の起源の問題は，相変わらず未解決と言わざるをえまい」（岡崎（1999：6）：「ルーン文字とそのメッセージ─スウェーデン，その他の北欧諸国のルーン文字銘文から─」『学習院大学言語共同研究所紀要』第23号，S. 3-14.）という段階に止まっているのである。

　地理的・歴史的な環境を考えれば，ルーン文字はローマ文化やキリスト教などの高度な文明圏と接触し続けたことは確かだが，その内実はいかなるものであったのだろうか。そのために，まず注目するべきなのは宗教的要因である。異教が支配していた北欧へキリスト教が勢いをもって伝播していくのは11-12世紀の頃である。それ

と同時に，7-8世紀頃に全盛期を迎えていたルーン文字も（現存しているルーン遺物は5000点程度である。その大多数がスウェーデンにある），次第にその地位をラテン文字に譲ることになる。キリスト教の布教がラテン文字の普及と相関し，ルーン文字は異教のシンボル的存在として次第に排除されていくのである。この移行の時期，ルーン文字とラテン文字が同時に彫られた銘文がいくつも発見されている（藤森緑（2013）『ルーン・リーディング』魔女の家BOOKS）。キリスト教がローマ帝国内で広がっていくにつれて（竹内茂夫：「布教の中で自分たちのラテン文字を各地に普及させていったと考えることができます」『ニュートン』(2008)5月号，22頁），同時に領土内でラテン文字が浸透していったプロセスを再現してみよう。そのためにまず注目すべきなのは宗教上の文書である。公文書などの記録ももちろん重要な文字史料で，これを無視することはできないが，宗教の伝播・普及とともに文字文化が広がっていく過程は，その時代の人びとがどの文字に依存していたのかを理解できる最重要史料である。周知のとおり，今日のヨーロッパはラテン文字とキリスト教の文化圏とも言えるが，当然，最初からそうだったのではない。初めは少数者しか知らなかったラテン文字とキリスト教の拡大の歴史を理解することは，ヨーロッパの基層を理解するための必須の作業である。

ルーン文字(4)

　ギリシア人は非常に早くから小アジアをはじめスペインまで移民

し，これにつれギリシア語の使用範囲が広まった。また，アレクサンダー大王(紀元前356年-323年)の遠征によってギリシア語はアジアにまで拡張したという経緯がある。ローマ帝国では広く世界共通語としてギリシア語のコイネー(口語体)が使用されていたのであった(キケロは「ギリシア語はほとんどすべての民族の間で読まれているが，ラテン語はラテン民族(フランス・スペイン・ポルトガルなど)の狭い領域内に限られている」と言っている)。

　パレスチナにおいても広く用いられていたから，幼少時代にイエス・キリストもその弟子たちもギリシア語を耳にしていたことであろう。このコイネーのギリシア語で『新約聖書』も書かれたわけである。パウロ以外にも伝道者は少なくない。特に広く伝道したのはオリゲネスで，彼はアレクサンドリア・カイサリアから出発し，シドン・テュロス・ボストラ・アンティオキア・ニコメディア・アテネ・ローマを回ったし，ヘルゲモネスの伝道などは近東からカルタゴにまで及ぶものであった。カルタゴの母胎となったフェニキア地方にはかなり早くからキリスト教が存在した。ダマスコにはパウロの回心の時にすでにキリスト者がおり，またテュロス・プトレマイオスにもキリスト者がいた証拠がある(オリゲネスはテュロスで亡くなり葬られた)。

ルーン文字(5)

　シルクロード，日本へ渡来した仏教の発祥地ともいうべきところ。ここは東の文化と西の文化が出会い，互いに関わりをもち合

い，双方の文化がそれぞれ他によって影響を受けたところである。この地にもルーン文字によく似た文字が見出される。チュルク突厥帝国がモンゴリア高原に残した突厥碑文に刻まれた文字のことである。この文字は一般に「チュルク・ルーン文字」(Turkic runes)と呼ばれている。実際，この文字の使用はモンゴリア高原をはるか離れて中央アジア(タラス川やフェルガナ盆地さらにサマルカンドの東方ムグ山)に及んでいる。オルホン(Orkhon)川流域の「オルホン碑文」(8世紀)は，故人や出来事に関する記念碑を公式に刻んだものもあるが，その多くは個人的な立場から短い銘文を表記したものである。例えば鏡や容器などの小物には持ち主や作成者の名，もしくは格言めいたテキストが記されている。いずれにしてもチュルク・ルーン文字は古代のチュルク人世界の中でかなりの広範囲に普及していたと考えられる。チュルク・ルーン文字の多くは右から左に横書きされ，上から下に行を追っているが，一部，漢文の影響からかテキストを左に90度回転させて縦書きされ上から下に読まれる。また右に回転させて下から読む碑文もある。岩や丸石に記されたものは比較的自由な表記の方法をとっている。

　東ヨーロッパ(南ロシア・北コーカサス・カマ川流域)のルーン文字(ドン・クバンDon-Kuban銘文と呼ばれている)は，壁・牛骨・銀器などに記されているのが発見され，このルーン文字はチュルク・ルーン文字に実によく似ている。ただし，東ヨーロッパのルーン文字銘文は資料的に少量で，文字と音価の関係や言語の性格は今のところ十分にはわかっていない。ただ，これまでの先行研究で，銘文の言語はチュルク語に所属するものと一般に考えられている。

チュルク・ルーン文字の起源は,確かに象形文字や家畜の烙印から発生したとするチュルク起源を唱える説もあるにはあったが,文字の名前が示す通り,文字体系自体が借用されたのではないかと想定されている。東ヨーロッパのルーン文字およびチュルク・ルーン文字のもつ音節文字の要素から,これら両文字がセム系の文字(例:フェニキア文字)を継承していることは確かである。当該の諸文字の形状・形態的特徴等を総合してみるに,ルーン文字は洋の東西を結ぶ接点の位置にあったであろう可能性がかなり高い(『言語学大辞典』別巻「世界文字辞典」(2001:671-675))。

日本とオランダ

年輩の人こそ,インドネシアでの対日本軍との衝突のことを時に口にするが,今日のオランダ人だと「出島(「でしま」と発音される)」・「鎖国」などの日本語の外来語を知っている人は多いし,さらに,今の日本の繁栄にオランダが多大の寄与をしたことを誇りに思っている風さえある。

西暦1600年4月19日(慶長5年3月16日),豊後の国の臼杵湾に,2年近い苦難の航海を経てボロボロになったオランダ船「慈愛号」(De Liefde)が漂着した。乗員は手厚く看護され,英人航海長ウィリアム・アダムス(William Adams)やオランダ人航海士ヤン・ヨーステン(Jan Joosten van Lodensteijn)は家康に引見されて海外貿易の利を説き,家康もまた貿易開始を決意したのであった。これがその後400年におよぶ日蘭交流のきっかけとなったのである(アダム

スが三浦按針(相模国三浦郡に領地を与えられ、また水先案内人を「按針」と言ったことから)として幕臣となり、ヤン・ヨーステンもまた貿易に活躍して、その屋敷のあった地が「ヨーステン」にちなんで「八代洲海岸」と呼ばれ、今も東京駅八重洲口などにその記憶をとどめている)。

江戸時代に栄えた蘭学はいわば西欧への窓の役割を果たした。蘭学とは広義に、当時の日本人がオランダ語を通して学んだ西洋の学問一般のことを指す。医学をはじめとする西洋の学問はオランダ語を媒体として日本に取り入れられたのであった。わずか4000坪の長崎の出島は日蘭貿易の拠点であったのみならず、近代科学や思想が日本に流入する唯一の窓でもあった。ペリー以前の長期にわたる蘭学の成果があったからこそ、近代日本の幕開けも比較的スムーズに進んだことを忘れてはなるまい。

このように、日本におけるオランダ語研究の歴史は長い。江戸時代の『ハルマ』や『訳鍵』といった蘭日辞書の編纂に始まり、近年「オランダ語辞典」(講談社)のような学習者のことを配慮した辞書、あるいは「オランダ語辞典」(大学書林)というかなり本格的なものも出版され、また入門書も数が揃いつつある。

オランダ語史

現在の標準オランダ語は、バタビア共和国(Bataafse republiek)以来の中央集権によって発達したホラント(Holland)州の社会的上流階級の言語が1900年頃から標準語として認められるようになっ

たものである。確かに,方言学的観点から「標準オランダ語 対 方言」という図式を描こうとすると,何をもってオランダ語方言とするのかという問題がある。この問いかけに関して最もオーソドックスな見解は,おそらくJ. Goossens著:Inleiding tot de Nederlandse Dialectologie(Groningen 1977:26)の定義「オランダ語に類縁した言語で,より類縁の近い言語ではなくオランダ語が標準語(cultuurtaal)としての役割を果たしている地域で話されている言語」ということになろう。大体一般的に考えられている,オランダ,ベルギーのオランダ語圏にある,フリジア語ではないゲルマン語の方言という考え方に一致する。古い時期の方言分布については,およそ,主としてオランダの西部地域においてフランク方言が話され,一方,フローニンゲン州,デゥレンテ州,オーバーエイセル州,フェリュエの東部,アウデ・エイセル(Oude Ijssel)以北のアハテルフック地方ではサクソン方言が拡がっていたと言えよう。

　　例:「古い」　　フランク方言 oud,サクソン方言 old
　　　　「しばしば」フランク方言 dikwijls,サクソン方言 vaak
　なお,オランダ国内のもう一つの言語,フリジア語は,中世においてはこの地域でラテン語と並んで文語として用いられたほどであった。また,17世紀以降,南アフリカでオランダ語から徐々に発達したアフリカーンスは,現在,その地で約500万人に母国語として話されている。もっとも,アフリカーンスはもはやオランダ語の一方言とは言い難い。

　ところで,近代日本の成立にオランダ語の果たした役割は,いくら強調してもしすぎることはない。明治以降は英米独仏など大国の

言語に隠れ影が薄くなった感は否めないが,しかし小国とはいえ現在のオランダは,福祉・環境・人権問題などの重要分野において優れた先進国であり,その国の言語としてオランダ語の客観的価値はいささかも減じていないと確信する。外国語は英語のみでこと足れりとする最近の風潮は好ましいとは思われない。ましていわば「旧恩」のあるオランダ語のことである。たとえみずから積極的に学習はしないとしても,オランダ語という言語について私たちがある程度の知識をもっていることは決して悪いことではあるまい。オランダ語が過去の日本に与えてくれた旧恩に対するいささかの思い入れかもしれないが。

Frings, Th.: *Die Stellung der Niederlande im Aufbau des Germanischen.* Halle (Saale) 1944.
Goossens, J.: *Inleiding tot de Nederlandse Dialectologie.* Groningen ²1977.
檜枝陽一郎:「オランダ語の起源について―英語とドイツ語のはざまで―」『日蘭学会会誌』第16巻第2号(1992)S.17-38.

ベルギーの言語事情

ベルギーは,ゲルマン系のフランドル人とラテン系のワロン人の2つの民族からなる複合民族国家である。民族的に,北部のフランドル人は,オランダ人と同じく,低地フランク人である。フランドル語とは,ベルギー王国の北部で話されている,いわゆるオランダ語の通称名である。ベルギーでは,この言語が南部のフランス語と並んで公用語である。

ゲルマンとローマの言語上の境界線を,現在のヨーロッパ地図の

上で探し当てるとするならば、およそライン川、そしてその下流域から少しばかり西に入ったところ、今のベルギー王国を東西に横断する言語境界線がこれに当たる。ゲルマンとラテンの間に位置するベルギーにおいて、言語紛争が引き起こされたのは歴史的必然と言えるかもしれない。この国の場合ほど、政治的・行政的権限の分権化が言語に基づいて行われたケースは珍しいのではないかと思われる。つまり、ベルギーでは、使用言語が、オランダ語か、フランス語か、蘭・仏二言語か、もしくはドイツ語かという言語区分に応じて、法律上、文化共同体としてはオランダ語、フランス語、ドイツ語に、また、行政地域としては、フランドル、ワロン、ブリュッセルに分類される。

　こうした分権化の象徴的な例として、ルーヴァン大学の分割がある。フランドルの地にあるこの伝統ある大学は、結局、ワロン地域にもう一つ、新ルーヴァン大学(Leuven la Neuve)を設けることによってその解決を図った。言語によるこうした対立の構図は、歴史的に見て根深いものがある。このように、オランダ語とフランス語がぶつかり合う地域であった南ネーデルラント(現ベルギー)では、それぞれの言語が極めて早い時代から社会的に異なる意味合いを帯び始めていたのである。ベルギーの言語紛争についての一般的な認識としては、おそらく、19世紀以来のフランドル語地域とワロン語地域の長い紛争の時期を経て、国土が(ブリュッセル首都圏を加えて)三つの地域共同体に分割、連邦制化される形で終焉したという見方であろう。しかしながら、「言語紛争はフランドルとブリュッセルにおいて繰り広げられた出来事であって、ワロンは言語紛争

の場になったことも,またその直接の当事者であったこともなかった」(川村1995：64)という指摘は示唆的である。つまり,ベルギー国内の言語紛争と,フランドル人・ワロン人の間の民族的対立とは分けて考えなくてはならない。歴史的に見ると,フランドル地域とブリュッセルでの言語に関する争いが落ち着いてから,フランドル地域とワロン地域の対立が激化したのである。

両地域の対立に関しては,言語の相異,民族の違いの他にさらに,両地域の間の経済的バランスもかなり作用していると考えられる。フランス語地域の経済を支えていた石炭の需要が国際的に低下する一方で,豊かな港を有するオランダ語地域に外資が集中し経済が成長したことから,この2つの言語地域の間に経済的な格差が生じた。今日のベルギーにおける両言語地域間の軋轢は,経済問題とも結びつく大きな社会問題となっている。

川村三喜男(1995)「民族・宗教・言語」『オランダ・ベルギー』新潮社.
石部尚登(2011)『ベルギーの言語政策—方言と公用語』大阪大学出版会.
河崎靖／クレインス・フレデリック(2002)『低地諸国(オランダ・ベルギー)の言語事情—ゲルマンとラテンの間で—』大学書林.
松尾秀哉(2010)『ベルギー分裂危機—その政治的起源』明石書店.
小川秀樹(1994)『ベルギー　ヨーロッパが見える国』新潮選書.

ルクセンブルクの教育制度

ルクセンブルクの義務教育は,4歳から17歳までである。lux. Spillschoul「幼稚園」は3歳から任意で入園できるが(Éducation précoce「早期教育」),4歳からが義務教育となる(Éducation fondamentale「基礎教育」)。幼稚園に2年間通った後(3歳からの場合は3年間)，6歳でlux. Grondschoul「小学校」に入学して6年間の教育を受け，12歳でlux. Lycée「高等学校」に進学する。ルクセンブルクには日本の「中学校」にあたる教育機関が無く，上記のlux. Lycéeが中高一貫校のような教育の場になる。lux. Lycéeには，大きく分けてlux. Lycée classique「規範学校」とlux. Lycée technique「技術学校」の2種類あり，lux. Lycée classiqueの生徒は，7年間の教育課程の終わりにlux. Premièresexamen「第一試験」を受験して，大学入学資格を得る。lux. Lycée techniqueの教育期間は5～7年とコースによって異なり，7年間の教育を受けたものは，lux. Lycée classiqueの生徒と同様，大学進学のためのlux. Premièresexamenを受けて進学することができる。

　ルクセンブルクの学校では，国の公用語であるドイツ語とフランス語を中心的な媒介言語とした二言語教育が行われている。ルクセンブルク人の母語であり国語でもあるルクセンブルク語やルクセンブルクの文化について学習する時間は，小学校で週に1コマ程度しか設けられていない。初めは，ルクセンブルク語と同じゲルマン語であるドイツ語を媒介言語とする授業数が多く，学年が上がるにつれて，フランス語を媒介言語とする授業が増えていく。ルクセンブルクでの生活に不可欠な多言語能力の育成を目指すこのような教育制度は，しかしながら，問題点も多い。ルクセンブルク語の授業時間の少なさは，同言語の規範化や正書法の普及を妨げており，またドイツ語を中心とする教育から徐々にフランス語による教育へと移行するカリキュラムは，ルクセンブルクに多く在住するロマンス語

圏出身の外国人子弟の学習を困難にしている。ルクセンブルク語の言語としての発展も重視しつつ，さまざまな言語的背景を持つ児童や生徒に対する効率的な多言語教育システムの模索が求められている。

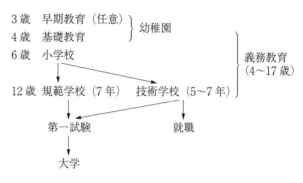

http://www.luxembourg.public.lu/fr/societe/education-formation/systeme-educatif/index.html

ゲルマン語と危機言語

世界では6,000言語ほどの言葉が話されていると言われている。しかしながら，グローバル化の進む今日，多くの少数言語や方言が危機にさらされており，100年後には約90％の言語が絶滅するとの概算もある。言語は，一つのコミュニケーションツールであるだけでなく，それを話す共同体の文化の担い手であり，アイデンティティを形成する重要な要素の一つである。言語の死は，人類の貴重な文化財の喪失をも意味する。今日，多くの言語学者が，危機言語の

記述やドキュメンテーションを行い，文化の多様性を後世に残すべく尽力している。また，少数言語の保護や復興のため様々な言語政策が行われている地域もある。

ゲルマン語圏やそれと接触する地域にも，スコットランドのゲール語(Gaelic，ケルト語派)，スイスのロマンシュ語(Rumantsch, ロマンス語派)，ドイツのソルブ語(Sorbian，スラブ語派)など，様々な少数言語のグループがある。ゲルマン語派に分類される少数言語としては，オランダやドイツのフリジア語(Frisian)，ルーマニア(トランシルバニア地方)のジーベンビュルゲン・ザクセン語(Transylvanian Saxon)，アメリカ(ペンシルバニア州)のペンシルバニア・ドイツ語(Pennsylvania German)の他，ユダヤ人によって使用されるイディッシュ語(Yiddish)などがある。これらの少数言語に加え，今日では多くのゲルマン語方言が危機に瀕している。危機言語の記述や保護は，ゲルマン語圏にとってもアクチュアルな問題なのである。

Neumann, A.（2009）*Sprachensterben in Europa. Rechtliche Maßnamen zur Erhaltung von Minderheitensprachen.* Wien.
高橋秀彰(2010)『ドイツ語圏の言語政策―ヨーロッパの多言語主義と英語普及のはざまで―』関西大学出版部.
ユネスコの危機言語地図：http://www.unesco.org/culture/languages-atlas/

方言と標準語

少数言語は主に大言語からの脅威にさらされているが，方言を脅かす大きな存在は規範化された標準語である。本来，ドイツ語地域

やオランダ語地域などからなる西ゲルマン語圏は,豊かな方言を有する地域であり,詳細な方言地図も作製されている。西ゲルマン語は,高地ドイツ語子音推移(High German Consonant Shift)の進行度合によって引かれた等語線によって,大きく3つの方言地域に分類される。すなわち,北部の低地ドイツ語(Lower German)と南部の上部ドイツ語(Upper German),そしてその間に位置する中部ドイツ語(Central German)である。上部ドイツ語と中部ドイツ語は,まとめて高地ドイツ語(High German)と呼称されることも多い。オランダ語は,北部の低地ドイツ語の一部が独立した言語と言える。ドイツやオランダでは,やはり標準語の影響で方言が徐々に失われつつあるのが問題となっている。これに対して,スイスドイツ語やオーストリアドイツ語は,「方言」という位置づけではあるものの,ドイツとは国境によって隔てられていることもあり,その特徴が維持されやすい。スイスドイツ語やオーストリアドイツ語で放送されるラジオやテレビ番組もあり,方言の使用領域は比較的確保されていると言って良い(スイスドイツ語に関しては「スイスドイツ語(Swiss German)」の項目参照)。ドイツ語方言から言語として独立を果たしたのがルクセンブルク語であるが,一方で問題もある。ドイツ語方言として位置づけられていた時期には,ルクセンブルク内部の各方言が豊かに発展していたのに対し,ルクセンブルク語が言語として独立することによって,今度は内部の方言が抑圧される状況が生じた。ルクセンブルク語の規範化はまだ十分進んでおらず,「標準語」は定まっていない状態である。言語としてさらに発展するために規範化は避けて通れない道であるが,同時に内部の

方言の保護や記述を慎重に進めなければ，今度はそれらが危機にさらされることになる。方言から言語へと新たに発展したルクセンブルク語が抱えるジレンマがここにある。

河崎靖(2008)『ドイツ方言学—ことばの日常に迫る』現代書館.
清水誠(2012)『ゲルマン語入門』三省堂.

アルザス方言(Alsatian)

　ヨーロッパ史の中で翻弄された地域の一つにフランスのアルザス地方がある。この地域は，言語的には本来ゲルマン語圏に属している。アルザス方言は，大別すればスイスドイツ語が含まれる上部ドイツ語(Upper German)の中のアレマン方言(Alemannic)に分類される。しかし，同地方でも公用語はフランス語であるため，アルザス方言は危機に瀕した方言の一つと言える。ストラスブールの街では，通りの名前などが書かれた道路標識はフランス語とアルザス方言の二言語表記になっていることが多い。しかし，日常的にこの方言を使用する母語話者は減少しており，2001年に600人に対して行われたあるアンケート調査によると，アルザス方言を理解でき，話すこともできる回答者は全体の34％であり，理解はできるが話せない回答者は12％との結果が出ている(Lienhard 2011)。アルザス方言が使用される領域が，家庭内など非常に限られていることから，今日では母語話者がさらに減少していると考えられる。文法体系の記述が急がれる方言の一つである。

ウージェーヌ・フィリップス(1994)『アルザスの言語戦争』(右京頼三訳)白水社.
Lienhard, M. (2011) Histoire & aléas de l'identité alsacienne. Strassbourg.

ロートリンゲン地方

　アルザスと同様，ゲルマン語圏とロマンス語圏の間で翻弄された歴史を持つのがロートリンゲン地方である。この地方で話されるゲルマン語は，ルクセンブルク語などと同じフランケン方言（Franconian）とアルザス方言などと同じアレマン方言（Alemannic）とに大きくわかれる。この地域には，「ロレーヌの文化と二言語併用―二言語併用と未来」"Culture et Bilinguisme de Lorraine - Zweisprachig, unsere Zukunft"という団体があり，ドイツ語とフラ

ンス語の二言語併用を目指して様々な活動を行う他，ロートリンゲンの方言の母語話者に対して録音調査を行うなど，方言の保護やドキュメンテーションなども行っている。

"Culture et Bilinguisme de Lorraine – Zweisprachig, unsere Zukunft"：http://www.culture-bilinguisme-lorraine.org/fr/

ルクセンブルク語（Luxembourgish）

多くの方言や少数言語が危機に瀕する中で，ルクセンブルク語はドイツ語の一方言（西モーゼルフランケン方言）から，1984年言語法によりルクセンブルク大公国の国語へと昇格を果たした非常に稀

な言語である。2008年には国籍法が改正され、ルクセンブルク国籍を得るためには、一定のルクセンブルク語能力（ヨーロッパ共通参照枠CEFR準拠）が条件として課されるようになった。外国人の人口が総人口の約45％を占めるこの国において、ルクセンブルク語を学ぶ非母語話者は増えており、ルクセンブルク語は名実ともに言語としての発展を続けている。

　しかしながら、ドイツ語やフランス語をも公用語とするこの国の学校教育では、大言語であるこれら2つの言語を媒介言語として授業が行われる場合がほとんどである。これに対してルクセンブルク語やルクセンブルク文学のための時間は、小学校において週に1コマ程度しか設けられておらず、母語話者のほとんどがルクセンブルク語の正書法や文法の教育を受けていない。話し言葉として使用されることの多いルクセンブルク語だが、その使用領域を書き言葉まで拡げ、言語としてのさらなる発展を目指すには、学校教育制度の見直しも重要な課題の一つと考えられる。

田原憲和（2013）『ルクセンブルク語入門』大学書林.

ルクセンブルク社会と移民

　ルクセンブルクは、1870年に鉄鋼山が発見されたことをきっかけに、鉄鉱業で発展した国である。もともと人口も少なかったルクセンブルクは、この時期、多くの外国人労働者を受け入れた。初めはドイツ人労働者が多かったが、次いでイタリア人、そしてポルトガル人へと波が移った。現在のルクセンブルクに住む外国人の中で

もっとも多いのはポルトガル系の人々の人口であり、その他にもロマンス語圏出身の外国人の割合が高い。鉄鋼山はすでに閉山されているが、現在のルクセンブルクは金融業を主な産業とする豊かな経済大国であるため、今日も多くの外国人が移住してきており、全体の人口に占める外国人の割合は2014年現在で45％まで増えている。今後も外国人の人口は増え続け、2025年までの間に50％を超えるとの統計もある。現在のルクセンブルク経済は、外国人労働者の存在によって成り立っている部分もあるため、外国人の流入を簡単に制限することはできない。しかし、ルクセンブルク人がマイノリティとなったとき、彼らの母語であるルクセンブルク語も含めた固有の文化の保護が大きな問題となる可能性がある。

ルクセンブルクの統計資料のポータルサイト：
http://www.statistiques.public.lu/fr/acteurs/statec/

スイスドイツ語（Swiss German）

　上部ドイツ語（Upper German）の中のアレマン方言（Alemannic）に分類されるスイスドイツ語は、ドイツ語圏スイスにおいて使用されるドイツ語方言の総称である。ドイツにおけるドイツ語方言が標準ドイツ語などの影響で危機にさらされる一方で、スイスドイツ語はその使用領域の拡大を遂げている。従来、スイスドイツ語は私的な口頭コミュニケーションのみに用いられていたが、1920年以降、その使用領域は公的な口頭コミュニケーションの場まで広がり、現在では話し言葉全般において用いられるようになっている。これに

対し，標準ドイツ語は書き言葉の領域で用いられている。使用領域の拡大は，方言の保護という観点から見れば，本来歓迎されるべきものであるが，スイスでは特に学校やラジオ・テレビ放送における方言使用が批判の対象となることが多い。スイスは，各言語地域間の相互理解と交流促進を文化政策として掲げているが，メディアにおける方言の使用は，他の言語地域の人々にとってその内容理解の妨げとなる。また，学校における方言使用の拡大は，他の言語地域の人々と交流する際に必要となる標準ドイツ語の能力養成の妨げとなる恐れがある。スイスドイツ語は，その研究や保護活動に対して政府から財政援助を受けているものの，公用語として法的には認められていない。多言語国家としてのスイスにおいて，ひずみが生じないような方言保護の形を模索する必要がある。

熊坂亮(2011)『スイスドイツ語―言語構造と社会的地位』北海道大学出版会．

フリジア語(Frisian)

　北海ゲルマン語に分類され，オランダの西フリジア語と，ドイツの北フリジア語，東フリジア語の3つに大きく分けられる。これらの中で最も話者数が多く，言語擁護活動が積極的に推し進められているのは西フリジア語である(話者数は約35～40万人)。西フリジア語は，オランダの地域的公用語であり，行政文書への使用も可能である。「フリスケ・アカデミー」(Fryske Akademy)という大規模な研究機関を有し，標準語としての言語規範や正書法も確立している。また，西フリジア語の授業は，現在，全ての小中学校で義務

化されている。これに対して，ドイツの北フリジア語は，シュレースヴィヒ＝ホルシュタイン州の基本法にその擁護と振興の規定が盛り込まれているものの，地域的な公用語としては定められていない。また，内部の方言差が激しく，標準語の確立には至っていない。学校教育については，全ての基礎学校（小学校）において，選択科目として週1～2時間ほど教育されている。同じくドイツのザーターラント州で話される東フリジア語は，やはり標準語の確立には至っておらず，ザーターラント協会(Seelter Buund)によって幼稚園や小学校で週1時間程度の授業は提供されているものの，教材は乏しい。複数の国や地域に言語が散在しているために，それぞれの言語の状況が異なっていることがフリジア語の特徴である。1930年以来，3地域からの代表者が集まり「フリジア人評議会」(Der Interfriesische Rat)が開かれており，意見交換が行われている。

清水誠(2006)『西フリジア語文法』北海道大学出版会．
フリスケ・アカデミー：http://www.fryske-akademy.nl/

アフリカーンス語（Afrikaans）

　アフリカーンス語は，主として「白人」（＝オランダ系を中心とするアフリカーンス語を話す住民）および「カラード」（白人〈イギリス系・オランダ系〉と先住民族との混血を中心にした混成民）によって使用されるため，どうしても社会的上部の支配層の言語というイメージがつきまとう。しかし，これをもってアフリカーンス語の実態と解するのは早計である。実際には，200万人の白人・200

万人以上のカラード(混血)に用いられていると言われているが，言語使用者の多様性に加え，その社会的役割もやはり無視できない意義をもち，人種間・社会階層間の橋渡しを担う公用語としての機能として，白人やカラードとのコミュニケーションのために黒人に広く使用されているという意味で，アフリカーンス語の果たす役割は決して小さくない。またアフリカーンス語は，南アフリカの外にも，ナミビア共和国・ボツワナ・レソト・スワジランド・ジンバブエ・ザンビア・マラウイ・タンザニア・ケニアにも話者がいる。つい見過ごされがちだが，アフリカ南部における公用語としてのアフリカーンス語の働きも忘れてはならない。

ゲルマン語の使用と多言語併用国家

　ゲルマン語が使用される多言語国家としてスイスやベルギーなどが有名である。スイスは，フランス語，イタリア語，ロマンシュ語，そしてドイツ語を公用語とする国である。ベルギーでは，フランス語とオランダ語，ドイツ語が公用語である。これらの国々では，地域ごとに使用される言語が異なっており，一つの地域で複数の言語が併用されることはない(地域言語制)。これに対してルクセンブルクは，1839年に現在の領土になって以来，第二次世界大戦中にドイツに占領された時期を除き，全領土において公用語のドイツ語とフランス語，そして1984年言語法以降は，国語として昇格したルクセンブルク語を加えた3つの言語が併用されている。

　このように一つの社会において複数の言語が共存している状態を

ポリグロシア(polyglossia)という。このような社会に住む人々の多くは，多言語併用話者(multilingual)であり，場面(領域，ドメイン：domain)に応じて使用言語を切り替える(コードスイッチング：code-switching)。国家単位での多言語併用以外にも，少数言語が話されている多くの地域で多言語併用が観察される。

東照二(2009)『社会言語学入門』研究社

ミニ文法

アイスランド語小文法

【アルファベット】

大文字	小文字	読み方	大文字	小文字	読み方
A	a	アー	O	o	オー
Á	á	アウ	Ó	ó	オウー
B	b	ビィエー	P	p	ピェー
C	c	スィエー	Q	q	クー
D	d	ディエー	R	r	エル
Ð	ð	エーズ	S	s	エス
E	e	エー	T	t	ティエー
É	é	イェー	U	u	イゥー
F	f	エフ	Ú	ú	ウー
G	g	ギェー	V	v	ヴァッフ
H	h	ハウー	W	w	トヴェファルト　ヴァッフ
I	i	エー	X	x	エフス
Í	í	イー	Y	y	イゥプスィロン　エー
J	j	イョーズ	Ý	ý	イゥプスィロン　イー
K	k	カウー	Z	z	セータ
L	l	エトル	Þ	þ	ソロン
M	m	エンム	Æ	æ	アイー
N	n	エンヌ	Ö	ö	オェー

【発音】
〈母音〉

- í [i] （狭いイ）*Ísland*「アイスランド」
- ý [i] （狭いイ）*sýna*「見せる」
- i [I] （広いイ）*listi*「リスト」
- y [I] （広いイ）*synda*「泳ぐ」
- e [ɛ] *senda*「送る」
- é [jɛ] *ég*「私は(1人称単数主格)」
- u [Y] *hundur*「犬」
- ö [ö] *hönd*「手」
- ú [u] *Rússi*「ロシア人」
- o [ɔ] *loft*「空」
- a [a] *jakki*「ジャケット」

二重母音

- ei [ɛi] *nei*「いいえ(英語の*no*)」
- ey [ɛi] *heyra*「聞く」
- au [öy] *haust*「秋」
- ó [ou] *bóndi*「農家」
- æ [ai] *læra*「学ぶ」
- á [au] *ást*「愛」

〈子音〉

アイスランド語の閉鎖音は有気音と無気音の対立である。以下は子音とその発音の一部を示す。

p [pʰ] *penni*「ペン」
  [f]   *skipta*「分ける」
t [tʰ] *taska*「ハンドバッグ」
k [k]   *taka*「取る」
b [p]   *bær*「街」
d [t]   *dalur*「谷」
g [ɣ]   *saga*「物語」
  [j]   *lygi*「嘘」
v [v]   *vasi*「ポケット」
f [f]   *sofna*「眠る」
  [v]   *lifa*「住む」
  [p]   *sofna*「眠る」
ð [ð]   *úða*「吹きかける」
  [þ]   *iðka*「練習する」
þ [þ]   *þurfa*「必要である」
s [s]   *sól*「太陽」
j [j]   *já*「はい(英語の yes)」
h [h]   *hundur*「犬」
  [kʰ] *hvaða*「何」
x [xs] *vaxa*「育つ」
n [n]   *nú*「今」
m [m]   *lampi*「羊, ラム」
l [l]   *lás*「鍵」
r [r]   *rós*「バラ」

【名詞】

アイスランド語の名詞には文法性があり，男性・女性・中性のいずれかに分類され，それぞれ異なる語形変化を起こす。あくまでも目安であるが，単数主格の場合，男性名詞の語尾は-iや-ur，女性名詞は-a，中性名詞は-aまたは子音で終わることが多い。また，アイスランド語の名詞は，ドイツ語などと同じように文中で現れる形が，主格(「～が」)，対格(「～を」)，与格(「～に」)，属格(「～の」)4つがある。

男性名詞：*hestur*「馬」

	単数	複数
主格	hestur	hestar
属格	hests	hesta
与格	hesti	hestum
対格	hest	hesta

女性名詞：*klukka*「時計」

	単数	複数
主格	klukka	klukkur
属格	klukku	klukka
与格	klukku	klukkum
対格	klukku	klukkur

中性名詞：*barn*「子供」

	単数	複数
主格	barn	börn
属格	barns	barna
与格	barni	börnum
対格	barn	börn

アイスランド語の定冠詞は，英語やドイツ語のように名詞の前に独立して置かれず，名詞の後ろに直接つなげて表記される。他の北欧諸語(スウェーデン語・デンマーク語・ノルウェー語)も同じ特徴をもつ。例えば，男性名詞の単数主格の場合-(*i*)*nn*が，女性名詞の単数主格の場合-(*i*)*n*，中性名詞の単数主格の場合-(*i*)*ð*が名詞の後ろに付く。

男性名詞:*penni*「ペン」(定冠詞付)

	単数	複数
主格	penni-nn	pennar-nir
属格	penna-ns	penna-nna
与格	penna-num	pennu-num
対格	penna-nn	penna-na

女性名詞:*kisa*「猫」(定冠詞付)

	単数	複数
主格	kisa-n	kisur-nar
属格	kisu-nnar	kisa-nna
与格	kisu-nni	kisu-num
対格	kisu-na	kisur-nar

中性名詞:*blóm*「花」(定冠詞付)

	単数	複数
主格	blóm-ið	blóm-in
属格	blóms-ins	blóma-nna
与格	blómi-nu	blómu-num
対格	blóm-ið	blóm-in

人称代名詞

	1人称 単数	1人称 複数	2人称 単数	2人称 複数	3人称 単数 男性	3人称 単数 女性	3人称 単数 中性	3人称 複数 男性	3人称 複数 女性	3人称 複数 中性
主格	ég	við	þú	þið	hann	hún	það	þeir	þær	þau
属格	mín	okkar	þín	ykkar	hans	hennar	þess	þeirra	þeirra	þeirra
与格	mér	okkur	þér	ykkur	honum	henni	því	þeim	þeim	þeim
対格	mig	okkur	þig	ykkur	hann	hana	það	þá	þær	þau

数詞

アイスランド語の数字は，1から4までは修飾する名詞の文法性，格にあわせて形が変わる（5以上の数字は変化しない）。

	「1」			「2」		
	男性	女性	中性	男性	女性	中性
主格	einn	ein	eitt	tveir	tvær	tvö
属格	eins	einnar	eins	tveggja	tveggja	tveggja
与格	einum	einni	einu	tveimur / tveim	tveimur / tveim	tveimur / tveim
対格	einn	eina	eitt	tvo	tvær	tvö

	「3」			「4」		
	男性	女性	中性	男性	女性	中性
主格	þrír	þrjár	þrjú	fjórir	fjórar	fjögur
属格	þriggja	þriggja	þriggja	fjögurra / fjögra	fjögurra / fjögra	fjögurra / fjögra
与格	þremur / þrem	þremur / þrem	þremur / þrem	fjórum	fjórum	fjórum
対格	þrjá	þrjár	þrjú	fjóra	fjórar	fjögur

5 fimm, 6 sex, 7 sjö, 8 átta, 9 níu, 10 tíu
11 ellefu, 12 tólf, 13 þerttán, 14 fjórtán, 15 fimmtán, 16 sextán, 17 sautján, 18 átján, 19 nítján, 20 tuttugu, 21 tuttugu og einn. […] 30 þrjátíu, 40 fjörutíu, 50 fimmtíu, 60 sextíu, 70 sjötíu, 80 áttatíu, 90 níutíu, 100 hundrað

【形容詞】

アイスランド語の形容詞は修飾する名詞の文法性，数，格にあわせて語形変化を起こす。

gamall penni （男性単数主格）「古いペン」
gömul mynd （女性単数主格）「古い絵」
gamalt epli （中性単数主格）「古いリンゴ」

	単数			複数		
	男性	女性	中性	男性	女性	中性
主格	gamall penni	gömul mynd	gamalt epli	gamlir pennar	gamlar myndir	gömul epli
属格	gamals penna	gamallar myndar	gamals eplis	gamalla penna	gamalla mynda	gamalla epla
与格	gömlum penna	gamalli mynd	gömlu epli	gömlum pennu	gömlum myndum	gömlum eplum
対格	gamlan penna	gamla mynd	gamalt epli	gamla penna	gamlar myndir	gömul epli

【動詞】

　アイスランド語の動詞は，対応する主語の人称，数，時制によって形が変わる。過去形は，弱変化の場合，動詞の語幹によって *-ð*, *-d*, *-t* が後接する。強変化動詞は母音交替や語末の変化を伴う。

　vera：「ある，いる（英語の be 動詞にあたる）」

	現在				過去			
	人称代名詞	単数	人称代名詞	複数	人称代名詞	単数	人称代名詞	複数
1人称	ég	er	við	erum	ég	var	við	vorum
2人称	þú	ert	þið	eruð	þú	varst	þið	voruð
3人称	hann hún það	er	þeir þær þau	eru	hann hún það	var	þeir þær þau	voru

　borða （弱変化動詞）：「食べる」

	現在				過去			
	人称代名詞	単数	人称代名詞	複数	人称代名詞	単数	人称代名詞	複数
1人称	ég	borða	við	borðum	ég	borðaði	við	borðuðum
2人称	þú	borðar	þið	borðið	þú	borðaðir	þið	borðuðuð
3人称	hann hún það	borðar	þeir þær þau	borða	hann hún það	borðaði	þeir þær þau	borðuðu

drekka （強変化動詞）:「飲む」

	現在				過去			
	人称代名詞	単数	人称代名詞	複数	人称代名詞	単数	人称代名詞	複数
1人称	ég	drekk	við	drekkum	ég	drakk	við	drukkum
2人称	þú	drekkur	þið	drekkið	þú	drakkst	þið	drukkuð
3人称	hann hún það	drekkur	þeir þær þau	drekka	hann hún það	drakk	þeir þær þau	drukku

【語順】

アイスランド語の語順は，動詞が文の第二番目に必ず来るが，名詞の格標識が明確なため比較的自由である。

1) *Hvað heitir þú?* 「あなたの名前は何ですか。」
   Ég heiti Mummi. 「私はムンミといいます。」
2) *Hvaðan er Mary?* 「メアリーはどちらの出身ですか。」
   Hún er frá Bandaríkjunum. 「彼女はアメリカから来ました。」

アフリカーンス語小文法

【発音】

　アフリカーンス語は，話しことばと書きことばがよくマッチした綴字(スペル)体系をもっていると言える。すなわち，アフリカーンス語ではできるだけ「発音するように綴り，また逆に綴るように発音する」というのが原則である(概して，アフリカーンス語では，文字と発音はとても密接な関係にあり，アフリカーンス語の綴りはほぼ表音的である)。

　音節の区切り方さえ理解できれば，spelling(スペル)のルールはかなり体系的であると言える。音節は，語を次のような具合で区切っていくと，見分けがつく。もし2つの子音が連続していれば，それらの間に音節の区切りを入れてみる。

　　例：　bom-me「爆弾(複数形)」，　Af-ri-kaans「アフリカーンス語」
　　　　　　ボム・メ

　また，母音間に1つの子音しかない場合は，先行する母音の後，子音が始める前のところに音節の切れ目をおく。

　　例：　bo-me「木(複数形)」，　ma-ne「月(複数形)」
　　　　　ボ・メ　　　　　　　　　マー・ネ

このようにして，いろいろな語を音節単位に区切ってみると，例えば次のようになる。

例： Ne-der-land「オランダ」, nu-we-jaar「新年」,
　　　 ネー・デル・ラントゥ　　　　　　　　　　ニュー・ヴェ・ヤール
　　　dok-ter「医者」など。
　　　ドク・ター

　ここでは，ある音節が母音で終わるか(⇒開音節)，子音で終わるか(⇒閉音節)がポイントである。次のような基準に基づいて，アフリカーンス語の正書法のルールはまとめられる。

〈音節〉

　開音節(母音で終わる音節)では，母音(1文字綴り)は常に長い。

　　ja［ヤー］「はい」, stra-te［ストラーテ］「通り(複数形)」など。

　閉音節(子音で終わる音節)では，長母音の時は2文字で，短母音の時は1文字で表記される。
1) 長母音の場合
　　kan-toor［カントーア］「オフィス」, ver-staan［フェアスターン］「理解する」など。
2) 短母音の場合
　　man［マン］「男」, blom［ブロム］「花」など。

　母音の長短に関する原則は「短母音のときは母音を1つ，長母音のときは母音を2つ」というものである。これは正書法上の決めごとで(日本語でいえば，小さい「っ」を入れるかどうかの違いのようなもの。例えば，来て「きて」：切手「きって」)，実際，このルールを用例に即して見てみると，

短いアと長いアー

　man［マン］「男」：maan［マーン］「月」

　その他の母音も含め，個々の母音について，その発音のしかたをマスターしていこう。とりわけ日本語話者の耳には聞き慣れないような音には気をつける必要がある。

　アフリカーンス語は文字と発音の規則を覚えさえすれば比較的簡単に文章を読むことができる。基本的に，綴り字通りに発音し，黙字(読まない文字)はない。ただ，何語であっても，初学者にとって違和感を感じるのが，母語にはない独特な音の響きである。

〈母音〉

短母音

a［ア］：aa［アー］

　①Japan［japanヤパン］日本

　②aap［aːpアープ］猿

e［エ］：［弱いア］：ee［iᵊイア］

　①e［エ］（アクセントがある場合）：regs［ræxsレヒス］右の

　②e［弱いア］（アクセントがない場合）：water［vɑːtərヴァーテル］水

　③ee［iᵊイア］（英語nearのeaのような発音）：eet［iᵊtイアトゥ］食べる。日本語の「家」あるいは「いいえ」の音に近い。

i［弱いア］

　①niks［nəksナクス］何も～ない(英：nothing)

o［オ］：oo［uᵊウア］

①kop［kɔpコプ］頭
②roos［ruᵊsルアス］バラ
u［ユ］：uu［ユー］
①stuk［stœkステユック］一片
②stuur［sty:rストゥール］送る。日本語の「入学」の音に近い。

複母音（2つの文字で1つの音を表わすもの）

ie［iイ］：　　siek［sikシク］病気の，fiets［fitsフィツ］自転車
　　　　　　　日本語の「仕入れ」の音に近い。
oe［uウ］：　　boek［bukブク］本，doen［dunドゥン］する
　　　　　　　日本語の「婿」の音に近い。
ei, y［əiエイ］：trein［trəinトレイン］列車
　　　　　　　my［məiメイ］（yの文字はiとjの合わさった表記とみなされる）日本語の「礼」の音に近い。
eu［øᵊオᴱア］：唇を円くして出す「エ」の音に弱い「ア」音が続く。
　　　　　　　seun［søᵊnソェン］息子，gebeur［xebøᵊrヘボェル］起こる
ui［œyオᴱイ］：舌の位置を前寄りにして唇を円めて出す音の後に「イ」音を続ける。
　　　　　　　huis［hœysホェイス］家，suid［sœytソェイトゥ］南

〈子音〉

g [xフ]： のどの奥から息を吐き出すように発音する。

　　　　　[x]：gaan「行く」，tagtig「80」，berg「山」
　　　　　バッハ(音楽家)の「ハ」の音。
　　　　　前舌母音のi, eの前では[ç]音(日本語のヒ音)のように響く。
　　　　　energie「エネルギー」，geel「黄色い」

gh [gグ]： 英語からの借用語の語頭でのみ用いられ，英語と同じ[g]音。

　　　　　ghitaar「ギター」，gholf「ゴルフ」

h [ĥフ]： [h]音を出す要領で声帯を震わせ有声音とする。

　　　　　hond「犬」，huis「家」，haar「髪の毛」

v [fフ]： 無声の摩擦音(英語の[f]音)であり，英語のvictory「勝利」のような有声ではない。「フェルトペン」と言うときの「フ」の音である。fというスペルでも同じ音が表わされる。

　　　　　vyf「5」，rivier「川」

w [vヴ]： 英語のw[wウ]とは異なり，下唇と上歯茎の間で摩擦をさせて発声される(英語の[v]音)。

　　　　　例：werk「働く」，wind「風」
　　　　　ヴァチカンの「ヴ」の音。

j [jイ]： 英語のyと同様に半母音である。

　　　　　例：ja[ヤ]はい，Japan[ヤパン]日本

〈慣用表現〉

Ja/Nee　ヤー／ニェ　「はい／いいえ」
(Baie) dankie　バイェ ダンキー　「(どうも)ありがとう」
Nie te danke　ニー トゥ ダンケ　「どういたしまして」
Plesier　プレシール　「喜んで」
Asseblief　アッセブリフ　「どうぞ」
Ja, asseblief　ヤー アッセブリフ「ええ，お願いします」
Nee, dankie　ニェ ダンキー　「いいえ，結構です」

Welkom　ヴェルコム　「いらっしゃい」
Hoe gaan dit?　フー ハーン ディットゥ　「お元気ですか」
Goed, dankie　フートゥ ダンキー　「はい，元気です」
En met jou?　エン メットゥ ヤウ　「あなたは」

Goeiemôre　フイェモーレ　「おはようございます」(午前)
Goeiemiddag　フイェミダハ　「こんにちは」(午後)
Goeienaand　フイェナーントゥ　「こんばんは」
Goeienag　フイェナハ　「おやすみなさい」
Totsiens　トットゥシンス　「さようなら」
Sien jou/julle later (môre)　シン フィア ヤウ／ユレ ラーテル(モーレ)　「じゃ，また後で(明日)」
Koebaai　タッタ／クバーイ　「バイバイ」(口語的用法。英語から借入)

Ekskuus tog　エクスキュース トホ　「すみませんが，…」

Jammer　ヤマー　「残念です」
Verskoon my　フィアスコーン メイ　「ごめんなさい」

Smaaklike ete　スマークラケ エーテ　「召しあがれ」
Gesondheid　ヘソンドゥヘイトゥ　「乾杯」

Dis reg.　ディス レヒ　「正しいです」
Dis verkeerd.　ディス フェアケールトゥ　「間違っています」

Ek weet nie.　エク ヴェートゥ ニー　「知りません」
Ek verstaan nie.　エク フィアスターン ニー　「(あなたのおっしゃっていることが)わかりません」
Ekskuus　エクスキュース　「何とおっしゃいましたか」
Kan u my help?　カン ユ メイ ヘルプ　「助けていただけますか」
Ek praat nie so goed Afrikaans nie.　エク プラートゥ ニー ソー フートゥ アフリカーンス ニー　「アフリカーンス語を少しだけ話します」

meneer（mnr.）　ミネール　英：Mr
mevrou（mev.）　ミフラウ　英：Mrs
mejuffrou（mej.）　ミユフラウ　英：Miss
me　ム　英：Ms　＊既婚・未婚を問わず用いられる。

【名詞】

　定冠詞はdieという1つの形態となる（この点，英語と同じである）。

```
    die man,     die vrou,    die kind
独  der Mann    die Frau     das Kind
    「男」       「女」       「子供」
```

Die man sing.   その男は歌う。
Die vrou sing. その女は歌う。
Die kind sing. その子は歌う。

不定冠詞も同様に常に 'n である。

'n man,   'n vrou,   'n kind
「男」   「女」   「子供」

名詞の複数形は，語尾 -e もしくは -s を付加することによって示される。

dorp - dorpe 「村」
winkel – winkels 「店」

人称代名詞の変化は次のようである。

			主格	所有格	目的格
単数	1人称		ek	my	my
	2人称	親称	jy	jou	jou
		敬称	u	u	u
	3人称	he	hy	sy	hom
		she	sy	haar	haar
		it	dit	sy	dit

複数	1人称	ons	ons	ons
	2人称	julle	julle	julle
	3人称	hulle	hulle	hulle

形容詞の比較級・最上級は，英語・独語と同じように -er および –ste という語尾で示される。

klein - kleiner - die kleinste　小さい

独　klein　kleiner　am kleinsten
英　small　smaller　the smallest

【数詞】

0	nul	10	tien	20	twintig
1	een	11	elf	21	een en twintig
2	twee	12	twaalf	22	twee en twintig
3	drie	13	dertien	30	dertig
4	vier	14	veertien	40	veertig
5	vyf	15	vyftien	50	vyftig
6	ses	16	sestien	60	sestig
7	sewe	17	sewentien	70	sewentig
8	agt	18	agtien	80	tagtig
9	nege	19	negentien	90	negentig

100　honderd　　101　honderd en cen　　1,000　duisend
1,000,000　miljoen　　1,000,000,000　miljard

【動詞】

人称・数によって活用することなく同形で，現在形について言えば下記のとおりである。

単数　　　　　　　　　　　　　　複数

私は ek werk (*I work*)　　　　　私たちは ons werk (*we work*)

{ 君は jy werk (*you work*)　　　　君たちは julle werk (*you work*)
　あなたは u werk (*you work*)　　あなたがたは u werk (*you work*)

{ 彼は hy werk (*he works*)
　彼女は sy werk (she *works*)　　彼(それ)らは hulle werk (*they work*)
　それは dit werk (it works)

be動詞(原形：wees)も常に同形である。

　Die kat *is* groot.　その猫(単数)は大きい。

　Die katte *is* groot.　その猫たち(複数)は大きい。

また，英語のhave動詞に当たるhê「～を持つ」も人称・数による変化はない。

　Ek *het* 'n hond.　私(単数)は犬を飼っている。

　Ons *het* 'n hond.　私たち(複数)は犬を飼っている。

疑問文を作る際は「動詞＋主語？」の構文となる。

　Het julle Duitse koerante?　ドイツ語の新聞がありますか。

　Is daar 'n hotel hier?　ここにホテルがありますか。

　Waar is die uitgang?　出口はどこですか。

Hoe gaan dit?　お元気ですか。

　過去の事柄を表現するには通常，(英語でいう現在完了形の形態をとり)het ＋ ge-原形となる(ge-原形の形の過去分詞は文末に置かれる)。
　　一般動詞：het ＋ gedoen
　　be動詞：was
　　Die kind het die bal geskop.　その子はボールを蹴った。

　未来形は助動詞sal を用い不定詞と共に作られる(不定詞は文末に置かれる)。
　　一般動詞：sal ＋ doen
　　be動詞：sal ＋ wees
　　Die kind sal die bal skop.　その子はボールを蹴るだろう。

　話法の助動詞には独自の過去形がある。
　　現在形　　　　　過去形
　　kan (can)　　　 kon (could)
　　sal (will)　　　 sou (would)
　　moet (must)　　 moes (had to)
　　wil (want to)　　wou (wanted to)

【不変化詞】
　否定の作り方が特徴的である。否定詞nieを使って，独語nicht

や蘭語nietのような構文をとることもあるが,

　　Ek verstaan *nie*.　私にはわからない。

　　独　*Ich verstehe nicht.*

　　蘭　*Ik versta niet.*

多くの場合nieが二重に現われ，この形式でも「否定＋否定＝肯定」とはならない。

　　Ek verstaan *nie* alles *nie*.

　　独　*Ich verstehe nicht alles "nicht".*

　　Dit is nie 'n huis nie.

　　蘭　*Dit is geen huis "niett".*

指小辞(「小さいもの」・「いとおしいもの」を指し示すことば)がよく用いられる。

　　hond-jie「子犬」, 　kamer-tjie「小部屋」, 　konink-ie「王さま」

副詞は形容詞と同形のことが多い。

　　Die kar is *vinnig*.　その車は速い。

　　Die kar beweeg *vinnig*.　その車は速く走る。

オランダ語小文法

【発音】
〈母音〉

u　　[y]　：Utrecht「ユトレヒト」
ie　　[iː]　：fiets「自転車」
oe　　[u]　：boek「本」
eu　　[øː]　：neus「鼻」
ui　　[ʌy]：huis「家」
ou　　[ɔu]：oud「年とった」
ei, ij　[ɛi]：klein「小さい」

oe [uː ウー]：舌を高い位置で後方において発音される。
　　boek [ブーク] 本，　moe [ムゥー] 疲れた

ei, ij [ɛi エイ]：「エ」と「イ」を短く続けて発音する。
　　reizen [レイゼン] 旅行する，　klein [クレイン] 小さい
　　begrijpen [ベフレイペン] 理解する，　prijs [プレイス] 値段

au, ou [ɔu アウ]：軽い「オ」に続けて「ウ」と発声する音。
　　gauw [ハウ] すぐに，　auto [アウトゥ] 車
　　koud [カウトゥ] 寒い，　nou [ナウ] 今

eu [øː エュー]：唇を円くして出す「エー」の音。
　　leuk [レゥーク] 素敵な，　deur [デゥール] ドア

ui［ʌyアイ］：舌の位置を前寄りにして唇を円めて出す音の後に「イ」音を続ける。

　　t**ui**n［タイン］庭，　gebr**ui**ken［ヘブライケン］使用する

〈子音〉

j　　［j］　：*jij*（イェイ）「君」
g　　［ɣ］　：*groot*（フロート）「大きい」
ng　［ŋ］　：*tong*「舌」
sj　　［ʃ］　：*meisje*「少女」
nj　　［ɲ］　：*oranje*「オレンジ」
sch　［sx］：*school*（スホール）「学校」，ただし語末の-schは［s］。
v　　［f］　：*veel*「多い」
w　　［v］　：*wat*「何」

　単語末尾のbとdは［p］，［t］になる：*ik heb*［hɛp］「私はもっている」，*bed*［bɛt］「ベッド」。

〈音節〉

　開音節（母音で終わる音節）では，母音（1文字綴り）は常に長く，

　　(ik) ga「（私は）行く」

閉音節（子音で終わる音節）では，長母音の時は2文字で，短母音の時は1文字で表記される。

　　beer「熊」；pen「ペン」

ie, oe, euという二重母音の綴りは，いずれの音節においても変わらない。
　mier「蟻」− mie-ren（複数形）

f/vとs/zのスペルの使い分け：当該の子音の後に母音が来れば，v, zを用いる。
　golf「波」− gol**v**en（複数形）

語末の -enは日常口語ではたいてい［-ə］となる。

【名詞】

2つの性の区別（通性，中性）があり，それにより，用いる定冠詞が異なる。
　通性de：de koning「王」， de weg「道」， de lerares「女性教師」， de vrijheid「自由」；
　中性het：het kind「子供」， het boek「本」

複数定冠詞は，性を問わずdeである。
単数名詞に対する不定冠詞は，性を問わずeenである（例：een man「一人の男」）。
複数形は，単数形に接尾辞-enあるいは-sを付けて作られる。
　maan ＞ manen「月」， keuken ＞ keukens「台所」
　不規則なものもある（例：stad - steden「都市」， ei - eieren「卵」）。

指小辞-jeが盛んに用いられる(例：kop-je「小カップ」)。この複数形は常に-s。

遠近を表わす指示詞の体系は以下のようである。

	「この」(近い)	「あの」(遠い)
de名詞単数	deze	die
het名詞単数	dit	dat
すべての複数名詞	deze	die

人称代名詞の体系は次のようである。非強調時には弱形が用いられる。

		主　格		目的格	
		強　形	弱　形	強　形	弱　形
単数	1人称	ik　　「私」		mij	me
	2人称(親称)	jij　　「君」	je	jou	je
	3人称	hij　　「彼」		hem	
		zij　　「彼女」	ze	haar	
		het　　「それ」		het	
複数	1人称	wij　　「私達」	we	ons	
	2人称(親称)	jullie　「君達」		jullie	
	3人称	zij　　「彼ら」	ze	hen/hun	

2人称・敬称u，U「あなた」は，常に同形である。形式的文章で

はよく大文字のUが用いられる。再帰代名詞は、3人称でzich（単複同形）となり、その点で左表と異なる。

所有代名詞

	単　数	複　数
1人称	mijn	ons / onze
2人称	jouw	jullie
3人称	zijn「彼の，それの」 haar「彼女の」	hun

onsは，単数のhet名詞の際，用いられる（ons huis「私達の家」，onze hond「私達の犬」）。2人称敬称は uwである。

関係代名詞

　先行詞が中性単数の名詞，代名詞の時はdat, それ以外はdieを用いる。前置詞が必要な場合，先行詞が人間ならwieを（例えばmet wie「その人と」），それ以外はwaarmee, waarvanなどのようにwaarと前置詞の融合形を用いる（het papier waarop ik schrijf「私が書いている紙」）。

【形容詞】

　中性単数名詞以外の名詞の前におかれる時，語尾 -e をつける。
　　een goede man「善人」；een goed boek「良書」

述語として用いられる時は無語尾である。

Dat is goed.「それはよい」

比較級には -er，最上級には -st という語尾をつける。

【動詞】
オランダ語の動詞は人称や時制によって活用する。

〈現在形〉
ik speel「私は遊ぶ」	wij spelen
jij speelt	jullie spelen
hij speelt	zij spelen

〈過去形〉
ik speelde「私は遊んだ」	wij speelden
jij speelde	jullie speelden
hij speelde	zij speelden

動詞の語幹が，-p, -t, -k 等で終わる場合，接尾辞は，-de(n) ではなく，-te(n) となる。

動詞には不規則に変化するものが数多くある。重要な動詞が多いので，一つ一つ覚えなければならない。
　　例：ik loop「私は歩く」，　ik liep「私は歩いた」
　　　　ik neem「私は取る」，　ik nam「私は取った」

完了形

完了形は助動詞(hebbenあるいはzijn)と過去分詞で構成される(場所の移動,状態の変化等を表わす自動詞の場合,zijnが用いられる)。

　　例:ik heb gespeeld 「私は遊んだ」, ik ben gestopt 「私は立ち止まった」

受動態

受動態は,助動詞wordenと過去分詞を用いて作られる(行為者は前置詞doorによって導かれる)。

　　Ik geef het boek aan mijn vriendin. 「私はその本を女友達にあげる」

この文を受動態にすると,

　　Het boek wordt door mij aan mijn vriendin gegeven. 「その本は私によって女友達に与えられる」(行為者である「私」はdoorを用いて表わされている)

述部の核となる動詞は,複文の従属節で文の最後尾におかれる。

　　ik denk dat die man een boek koopt. 「私は,その男の人は本を買うと思う」

　　(dat以下の従属節で,動詞kooptは最後尾におかれている)

通常の単文では,動詞は文の第二位の位置である。

　　die man koopt een boek. 「その男の人は本を買う」

動詞の中には複合動詞と呼ばれるものがあり,そのうちの一部は文中で二つの成分に分かれる(例:複合動詞mee|gaan「いっしょに行く」の場合)。

    ik ga met je mee. 「私は君といっしょに行く」

いくつかの動詞は特定の前置詞をとる。一つ一つ覚えるしかない。
    Ik denk aan hem. 「私は彼のことを思う」, wij wachten op haar. 「私達は彼女を待つ」,
    Zij gelooft in hem. 「彼女は彼を信用する」

日本語と異なり,文中の主語が省略されることはない。内容上,意味をもたない場合でも,仮の主語をたてる。
    Het regent. 「雨が降っている」
    Het is mooi weer. 「いい天気である」

ルクセンブルク語小文法

【発音】
〈母音〉

é [e]（狭い「エ」）：*Méck*「蚊」

ë [ë]（あいまい母音と同じ音質，強勢を伴いうる）：*Zëmmer*「部屋」

e, ä [æ]（日本語の「ア」の発音に近い）：*Enn*「終わり」

e [ə]（強勢のない位置であいまい母音として発音）：*Beruff*「仕事」

a [ɑ]（「オ」に近い深い「ア」）：*Mann*「男」

a, aa [aː]（前寄りの「アー」，音質は [æ] に近い）：*Saz*「文」

ei, ai [ɑɪ]：*hei*「ここ」

äi [æɪ]：*Äis*「氷，アイスクリーム」

au [ɑʊ]：*haut*「今日」

au [æʊ]：*Haut*「肌」

éi [ɛɪ]：*héich*「高い」

ie [ɪə]：*friem*「なじみのない」

ou [ëʊ]：*Bouf*「少年」

ue [ʊə]：*Zuel*「数」

〈子音〉

ch [ɕ]（後舌／広母音の後ろ以外で，日本語の「シ」）：*chemesch*「化学的な」

ch [x]（後舌／広母音の後ろ）：*Kach*「コック(料理人)」

g [g]（語頭）：*Gaass*「小路」

g [z]/[ɕ]（語頭以外かつ後舌／広母音の後ろ以外で，日本語の「ジ」に近い音（摩擦音）もしくは語末で「シ」）：*Fliger*「飛行機」，*Bierg*「山」

g [ɣ]/[x]（語頭以外かつ後舌／広母音の後ろ（語末で無声化））：*Kugel*「球」，*klug*「賢い」

j [z]（/[j]）（ほとんどの場合「ジ」）：*Joffer*「未婚の女性」

qu [kw]：*Quell*「泉」

sch [ʃ]（日本語の「シュ」）：*Schiet*「影」

sp [ʃp], st [ʃt]：*Speck*「脂身」，*Strooss*「道路」

tsch [tʃ]：*Tschech*「チェコ人」

ts, tz, z [ts]：*Zäit*「時間」

v [f]：*vill*「多い」

w [v]/[f]（語頭における子音連続以外の位置で（語末で無声化））：*Won*「車」，*Léiw*「ライオン」

w [w]（語頭における子音連続で）：*schwéier*「重い，難しい」

　語末の子音（群）は，鼻音，流音を除いて全て無声音として発音される。

　基本的に，子音字2字以上が続く場合，その前の母音は短母音，それ以外の場合は長母音として発音される：
　　all [ɑl]「全ての」 vs. *al* [aːl]「古い」，*A* [aː]「目」
　子音字2字以上の前に長母音が来る場合，その母音字が2字重ね

て綴られる：

　Sprooch [ʃpRO:x]「言語」

[t], [d], [ts], [n], [h] 以外の子音の前で，語末や形態素末の*n*が脱落する（「n規則」）：

　den Auto [dən'ɑʊto]「その自動車」／*den Dësch* [dəndëʃ]「その机」
　vs. *de_ Wäin* [dəvæɪn] < *den Wäin*「そのワイン」

母音の前で，語末や形態素末の子音(群)が有声化する：

　Bakuewen ['ba:gʊəvən] < *bak-* [bak] + *Uewen* ['ʊəvən]「焼き窯」
　sechs Auer [zægzɑʊɐ] < *sechs* [zæks] *Auer* ['ɑʊɐ]「6時」

【名詞】

3つの文法性の区別（男性，女性，中性）があり，それにより用いる冠詞が異なる。複数では文法性を区別せず，不定冠詞はゼロ形式となる。以下で，指示冠詞（強勢を伴う）と定冠詞（強勢を伴わない），不定冠詞を付した例（主格）を順に挙げる：

　男性：*deen Auto, den Auto, en Auto*「車」
　女性：*déi Tut, d'Tut, eng Tut*「袋」
　中性：*dat Zëmmer, d'Zëmmer, en Zëmmer*「部屋」
　複数：*déi Autoen, d'Autoen, Autoen*「車」
　（女性, 中性, 複数の定冠詞d'の発音は[t]、ただし母音の前で[d]）

人名の前にも定冠詞を付す(ただし,女性のファーストネームは中性名詞):

den Norbi「ノルビ(ドイツ語名はノーバート)」,

d'Kätt「ケット(ドイツ語名はカタリーナ)」

(与格は *dem Kätt*。また,ファーストネームで呼ぶ女性を指す親称の人称代名詞は,中性の形式に由来すると考えられる *hatt/et/'t* である。)

複数形を形成する接尾辞は,-ゼロ語尾/-*en*/-*er* の3種類であり,複数形はこれらの付与(及び語幹母音のウムラウト)によって形成される:

Mount > *Méint*「(年月日の)月」, *Client* > *Clienten*「客」, *Buch* > *Bicher*「本」

特殊な変化をするものもある:

Steen > *Steng*「石」, *Bréitchen* > *Bréidercher*「パン(テーブルロール)」

女性形は,-*in* もしくは -*esch* を付して形成される:

Japaner > *Japanerin*「日本人」, *Dokter* > *Doktesch*「医者」

遠近を表わす表現

ルクセンブルク語には lux. *dëser* というドイツ語 dt. *dieser* に当たる形式が残っているものの,現在ではほとんど用いられない。また,dt. *jener* に当たる形式はすでに失われている。遠近は,指示冠

詞と副詞lux. *hei*「ここ」／lux. *do*「そこ」によって表現されることが多い。これらの副詞は，名詞に先行して形容詞的に用いられる場合がある(-t-屈折語尾を伴う)。

deen Auto hei/*deen heiten Auto*「この車」vs. *deen Auto do*/*deen doten Auto*「あの車」

人称代名詞

非強調時には弱形が用いられ，さらに接語形を有する代名詞もある。

		主格/対格		与 格	
		強 形	弱形/接語形	強 形	弱 形
単数	1人称	ech「私」	—	mir	mer
	2人称（親称）	du「君」	de/d'	dir	der
	3人称	hie(n)「彼」	e(n)	him	em
		si「彼女」（敬称）	se/s'	hir	er
		hatt「彼女」（親称）	et/'t	him	em
		—	et/'t「それ」	him	em
複数	1人称	mir「私達」	mer	eis	—
	2人称（親称）	dir「君達」	der	iech	—
	3人称	si「彼ら」	se/s'	hinne(n)	e(n)

・語末の*n*は，「n規則」により脱落することがある(以下同様)。
・2人称・敬称*Dir*/*Der*「あなた」は，2人称複数と全く同形で語

頭を大文字で綴る。
- 中性の人称代名詞に強形はない。
- 3人称女性・親称 *hatt*「彼女」は，家族や友人，ファーストネームで呼ぶ間柄の女性を指す場合に用いる(祖母を指す場合には，通常，敬称が用いられる)。

所有代名詞／冠詞(男性主格の形式で代表させて)

	単　数	複　数
1人称	mäi(n)	eise(n)
2人称	däi(n)	äre(n)
3人称	säi(n)「彼の，彼女の(親称)，それの」 hire(n)「彼女の(敬称)」	hire(n)

2人称敬称はÄrenであり，やはり2人称複数と同形式である。

関係代名詞

性・数は先行詞と一致し，格は関係節内での役割によって決まる。形式は指示代名詞と同じ(dee Bréif, deen ech schreiwen「私が書いている手紙」)。

【形容詞】

付加語的に用いられる形容詞は，冠詞類を伴う場合と伴わない場合とで，一部屈折語尾が異なる。

冠詞類を伴わない場合(lux. nei「新しい」)

	男性	女性	中性	複数
主格／対格	neien Auto	nei Tut	neit Zëmmer	nei Autoen
与格	neiem Auto	neier Tut	neiem Zëmmer	neien Autoen

冠詞類を伴う場合(lux. nei「新しい」)

	男性	女性	中性	複数
主格／対格	deen neien Auto	déi nei Tut	dat neit Zëmmer	déi nei Autoen
与格	deem neien Auto	deer neier Tut	deem neien Zëmmer	deenen neien Autoen

Auto「車(男性)」, *Tut*「袋(女性)」, *Zëmmer*「部屋(中性)」, *Autoen*「車(複数)」
基本的に，付加語的に用いる形容詞の前に定冠詞が現れることはできず，代わりに指示冠詞が用いられる。

述語的に用いられる場合は語尾が付されない。

Den Auto ass nei.「その車は新しい。」

比較級は，基本的に形容詞の前に*méi*「より(度合が高く)〜」もしくは*manner*「より(度合いが低く)〜」を伴って表現される。比較対象は*wéi*によって導かれる：

Hien ass méi grouss wéi hatt.「彼は彼女よりも大きい。」

ただし，1語で比較級を形成する特殊な形容詞もある(*gutt*「良い」—*besser*「より良い」)。

最上級には語尾-stをつける：

Hien ass dee gréissten. 「彼は最も大きい。」

【動詞】

動詞は人称や時制によって活用する。

〈現在形〉

ech maachen「私はする」	mir maachen
du méchs	dir maacht
hie mécht	si maachen

〈過去形〉

ech mouch「私はした」	mir mouchen
du mouchs	dir moucht
hie mouch	si mouchen

ただし，ルクセンブルク語においては過去形が失われている動詞が非常に多く，過去の出来事は以下の完了形を用いて表現される場合がほとんどである。

完了形

完了形は助動詞(*hunn*あるいは*sinn*)と過去分詞で構成される(場所の移動，状態(の変化)等を表わす自動詞の場合，*sinn*が用いられる)。

例：*ech hu gespillt.*「私は遊んだ。」, *ech si bliwwen.*「私は留まった。」

受動態

受動態は，助動詞*ginn*と過去分詞を用いて表現される(行為者は前置詞*vun*によって導かれる)。

Den Här keeft den Auto. 「その紳士はその車を買う。」

この文を受動態にすると，

Den Auto gëtt vun deem Här kaf. 「その車はその紳士によって購入される。」

(行為者である「その紳士」は*vun*を用いて表わされている)

【その他】

述部の核となる動詞は，複文の従属節で文の最後尾におかれる。

Ech mengen, datt den Här den Auto keeft. 「私は，その紳士がその車を買うと思う。」

(*datt*以下の従属節で，動詞*keeft*は最後尾におかれている)

通常の単文では，動詞は文の第二位の位置である。

Haut keeft den Här den Auto. 「今日，その紳士はその車を買う。」

従属節内の主語が2人称単数親称*du/de/d'*の場合，従属節を導く要素の後ろに動詞の屈折語尾と同形式の要素*s*が現れる(補文標識の屈折)。

Et freet eis, datt s d'eis besichs. 「君が私たちを訪ねてくれるのはうれしい。」

比較対象を表す*wéi*の後ろにも同じ要素sが現れる。

　Ech si méi grouss wéi s de. 「私は君よりも大きい。」

> 著者紹介

河崎　靖 ［かわさき・やすし］（ゲルマン語学）
　　京都大学教授

大宮康一 ［おおみや・こういち］（アイスランド語学）
　　岐阜大学特任准教授

西出佳代 ［にしで・かよ］（ルクセンブルク語学）
　　神戸大学専任講師

目録進呈 落丁本・乱丁本はお取替えいたします。

平成27年11月30日　　　©第1版発行

著　者	靖　一代人 崎宮　佳出政 河大西
発行者	佐　藤

発　行　所

株式会社　**大学書林**

東京都文京区小石川4丁目7番4号
振替口座　00120-8-43740番
電話　(03)3812-6281〜3番
郵便番号　112-0002

ゲルマン語基礎語彙集

ISBN978-4-475-01162-4　　　　豊国印刷・牧製本

大学書林 語学参考書

著者	書名	判型	頁数
河崎 靖 クレインスフレデリック 著	低地諸国(オランダ・ベルギー)の言語事情	A5判	152頁
河崎 靖 著	オランダ語学への誘い	A5判	128頁
河崎 靖・他著	スイス「ロマンシュ語」入門	A5判	160頁
下宮忠雄 編	ゲルマン語読本	B6判	168頁
下宮忠雄 著	ゲルマン語対照辞典の試み	B6判	176頁
浜崎長寿 著	ゲルマン語の話	B6判	240頁
森田貞雄 著	ゲルマーニアをめぐって	B6判	138頁
朝倉純孝 著	オランダ語辞典	A5判	1200頁
朝倉純孝 著	オランダ語四週間	B6判	384頁
塩谷 饒 著	オランダ語文法入門	B6判	192頁
朝倉純孝 著	オランダ語文典	B6判	224頁
清水 誠 著	現代オランダ語入門	A5判	336頁
鳥井裕美子 編	オランダ語会話練習帳	新書判	228頁
檜枝陽一郎 編	オランダ語基礎1500語	新書判	152頁
朝倉純孝 編	オランダ語常用6000語	B小型	328頁
朝倉純孝 著	オランダ語会話ハンドブック	B6判	248頁
斎藤 信 著	日本におけるオランダ語研究の歴史	B6判	246頁
森田貞雄 著	アイスランド語文法	A5判	304頁
下宮忠雄 金子貞雄 著	古アイスランド語入門	B6判	176頁
森 信嘉 著	アイスランド語基礎1500語	新書判	176頁

― 目録進呈 ―

大学書林
語学参考書

著者	書名	判型	頁数
乙政 潤 著	入門ドイツ語学研究	A5判	200頁
森保雅浩 著 草本 晶	ドイツ語分類単語集	新書判	280頁
乙政 潤 著	日独比較表現論序説	A5判	202頁
工藤康弘 著 藤代幸一	初期新高ドイツ語	A5判	216頁
古賀充洋 著	中高ドイツ語	A5判	320頁
浜崎長寿 著	中高ドイツ語の分類語彙と変化表	B6判	176頁
高橋輝和 著	古期ドイツ語文法	A5判	280頁
鈴木康志 著	体験話法	A5判	224頁
橋本政義 著	ドイツ語名詞の性のはなし	A5判	152頁
小島公一郎 著	ドイツ語史	A5判	312頁
浜崎長寿 乙政 潤 著 野入逸彦	日独語対照研究	A5判	248頁
乙政 潤 著	ドイツ語オノマトペの研究	A5判	400頁
福元圭太 著 嶋崎 啓	ドイツ語 不定詞・分詞	B6判	192頁
乙政 潤 著	ドイツ語とのつきあい方	A5判	256頁
塩谷 饒 著	ルター聖書	A5判	224頁
石川光庸 著	古ザクセン語 ヘーリアント(救世主)	A5判	272頁
田原憲和 著	ルクセンブルク語入門	A5判	152頁
児玉仁士 著	フリジア語文法	A5判	306頁
千種眞一 著	ゴート語の聖書	A5判	228頁
森田貞雄・他著	古英語文法	A5判	260頁

― 目録進呈 ―

大学書林 語学参考書

著者	書名	判型	頁数
上田和夫 著	イディッシュ語文法入門	A5判	272頁
間瀬英夫・他著	現代デンマーク語入門	A5判	264頁
山下泰文 著	スウェーデン語文法	A5判	360頁
森 信嘉 著	ノルウェー語文法入門	B6判	212頁
桜井 隆 編	アフリカーンス語基礎1500語	新書判	120頁
伊藤太吾 著	ロマンス語基本語彙集	B6判	344頁
伊藤太吾 著	日本語ロマンス語基本語彙集	B6判	760頁
小泉 保 著	改訂 音声学入門	A5判	256頁
小泉 保 著	言語学とコミュニケーション	A5判	228頁
下宮忠雄 編著	世界の言語と国のハンドブック	新書判	280頁
大城光正 吉田和彦 著	印欧アナトリア諸語概説	A5判	392頁
千種眞一 著	古典アルメニア語文法	A5判	408頁
小沢重雄 著	蒙古語文語文法講義	A5判	336頁
津曲敏郎 著	満洲語入門20講	B6判	176頁
小泉 保 著	ウラル語のはなし	A5判	288頁
小泉 保 著	ウラル語統語論	A5判	376頁
池田哲郎 著	アルタイ語のはなし	A5判	256頁
黒柳恒男 著	ペルシア語の話	B6判	192頁
黒柳恒男 著	アラビア語・ペルシア語・ウルドゥー語対照文法	A5判	336頁
大野 徹 編	東南アジア大陸の言語	A5判	320頁
勝田 茂 著	オスマン語文法読本	A5判	280頁

― 目録進呈 ―